U0930571

万卷书蠹文丛

求知·养气·战斗

鲁迅的读书生活

高杰 著

万卷出版公司
北方联合出版传媒（集团）股份有限公司

图书在版编目（CIP）数据

求知·养气·战斗：鲁迅的读书生活 / 高杰著. —沈阳：万卷出版公司，2018.10

（万卷书蠹文丛）

ISBN 978-7-5470-5050-7

Ⅰ. ①求… Ⅱ. ①高… Ⅲ. ①鲁迅（1881—1936）—生平事迹 Ⅳ. ①K825.6

中国版本图书馆CIP数据核字(2018)第187753号

出 品 人：刘一秀
出版发行：北方联合出版传媒（集团）股份有限公司
　　　　　万卷出版公司
　　　　　（地址：沈阳市和平区十一纬路25号　邮编：110003）
印 刷 者：天津旭丰源印刷有限公司
经 销 者：全国新华书店
幅面尺寸：145mm × 210mm
字　　数：280千字
印　　张：10.75
出版时间：2018年10月第1版
印刷时间：2018年10月第1次印刷
责任编辑：胡　利
责任校对：张希茹
封面设计：范　娇
版式设计：张　莹
ISBN 978-7-5470-5050-7
定　　价：48.00元
联系电话：024-23284090
传　　真：024-23284448

1933年斯诺所摄鲁迅先生像

1930年9月17日，鲁迅五十岁

鲁迅少年时代求学的地方——三味书屋

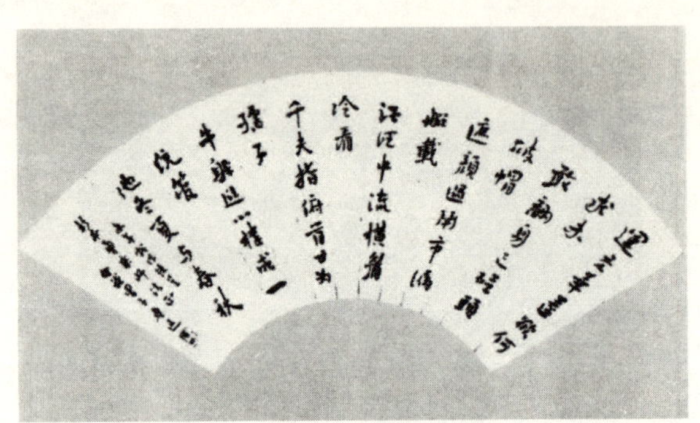

《自嘲》手迹

《藤野先生》手稿

序

“书”的本义是“书写”，后来引申为“书写的文本”。早期的“书”是写在简、牍或丝帛上的，即所谓“书之竹帛”。“书之竹帛”是为了“传遗后世子孙”，向同时代的人或后人传递讯息。古往今来，书籍的载体已经由简帛转变为纸张乃至电子数据，而书籍所承载的，不外乎知识、记忆、情感与思想。

战国时代的惠施博学多闻，相传他的书（当时是写在简牍上的）足足装了五辆车，这便是“学富五车”的来历。书是文化的载体，也是知识的载体，人类文明之所以能代代相传，知识之所以能不断累积，很大程度上靠的是书籍的力量。书籍是学问的代名词，饱读诗书者，也便是硕学之士。

与印度等古代文明不同，我们的祖先历来注重历史的记录，形成了以二十四史为核心的记史传统。中华文明之所以绵延不绝，在世界文明之林中独树一帜，一个重要原因便是汉字的连续发展以及以此为基础的记忆传承。而历史记忆的作用，正在于明得失、知兴替。

在书籍中，我们同样能看到一个个鲜活的人。他们的喜怒哀乐转化为文字，千百年后仍有震撼人心的力量，引发我们的共鸣。即便是典正古雅的“诗三百”，同样能窥见先人的悲喜。唐诗宋词，无不是情感的流露。这些文字汇聚起来，又能激荡起时代的脉动与情绪。

“书”最初偏重于实用性较强的文体，《尚书》之“书”本来是公文。但《尚书》之所以被人世代传诵，根本原因在于其思想性。从先秦诸子到近代新文化先驱，他们前赴后继，高擎思想的火炬，点燃民族的奋进之路。

中华民族历来敬畏知识、记忆、情感与思想，也便敬畏书。敬畏书，也便好读书，并敬重好读书的人。书籍对于我们来说，并不是一种简单的物品，而是蕴涵着宇宙、人生之道，记载着我们的过去、现在并描绘着将来，展示了社会、生活和个体生命情感的无限丰富性，承载着人类的精神文化创造的灵性之物。因此，在很大程度上，我们更愿意将书看作是一种生命的延续，一种使生命达到不朽的途径。

书是用来读的。没有阅读，书的意义便不复存在，或者至少其意义要大打折扣。明人于谦曾经作过一首《观书》诗：

书卷多情似故人，晨昏忧乐每相亲。
眼前直下三千字，胸次全无一点尘。
活水源流随处满，东风花柳逐时新。
金鞍玉勒寻芳客，未信我庐别有春。

在读书人的眼中，书卷无异于多情的故人。有书卷陪伴，无论快乐的还是忧伤的光阴都可以安然度过；有书卷存在，可以使屋舍生辉，心生欢喜；有书卷在胸，内心得以充盈，思想得以绽放。读书人泛舟书海，博览群籍，好读书，读好书，会读书，刻意用功，发愤图强，乐而忘苦，终生与书本相伴。他们读书、藏书、抄书、著书，思于书，劳于书，苦于书，乐于书，正所谓“衣带渐宽终不悔，为伊消得人憔悴”。读书丰富了他们的知识，提升了他们的人格，陪伴他们走过了自己的生命之旅，帮助他们成就了人生的事业。更有那勤学敏思、才胆识力卓出者，于“灯火阑珊处”发现了宇宙之道，参悟了天人之义，建构起了自己的思想和价值情感世界，因而著书立说，以其一家之言而泽被后来的读书人。

读书造就了一代又一代的圣哲通儒、仁人志士、学术大师、文章大家，远者不说，仅我国近、现代以来读书人中所产生的伟人志士、大师名家就可以开列出一个长长的单子，他们犹如璀璨的繁星，照亮着20世纪以来中国思想、文化的夜空。他们身处社会剧变、民族危亡、文化转型的历史关头，于是将自己的事业与民族、国家的命运紧紧地联系在一起，或者投身于炽热的社会现实斗争之中，以笔为枪、以纸为旗，用自己的学识为中华民族的振兴、社会的发展进步和新思想、新文化的诞生与发展做出卓著的贡献；或者埋首于中外浩如烟海的典籍之中，在学术文化领域辛勤耕耘，默默地奉献着自己的才智，以其丰硕的研究或创作成果维系和延伸着中华民族的学脉、文脉，从而推动了现代以来中国学术文化事业的发展。无论属于何种情况，他们都是在为民族和国家的救亡与启蒙、解放与振兴以及学术文化的发展兴盛写心立言。在他们身上，“经世致用”这一中国知识分子读书治学的优良传统得到了充分的体现。

摆在我们面前的这套丛书，便是一组读书人的文化群像。他们包括王国维、梁启超、陈寅恪、吴宓、鲁迅、胡适、林语堂、郭沫若、钱钟书这些时代巨子。他们好读书，勤著书，为传承、发展我们民族的文化奉献一生，是中华民族的文化精英与楷模。了解他们的读书生活，知道他们读书生活中的点点滴滴，与阅读他们的著作一样，照样可以走进他们的思想、精神、情感世界之深处。因此，这套丛书选取“读书生活”这一特定的角度，通过叙述这些名家大师如何读书、写书、购书、藏书、爱书，以及介绍他们的家学渊源、师承关系、访学交游、讲学课徒等侧面，来展现他们的读书方法、治学特点以及事业成就。对于这些巨匠的读书生活，我们得以有更直观、深切的感受。

在写作风格方面，本丛书则尽量追求实录性和情境化，着重围绕这些现代学术文化史上的巨匠们在读书生活中所发生的种种趣闻美谈、掌故逸事，以见出他们的人生志向、精神境界和生活风貌。这些文化巨匠的读书治学、人生经历和事业成就本身，也无不反映出近现代以来中国思想、文化、学术曲曲折折的发展道路和复杂多变的特点，从中可以寻绎出现代中国思想、文化、学术形成和发展的脉络与经验。因此，介绍这些名家大师的读书生活，实际上也就是对20世纪中国思想、文化和学术史进行一种特定层面、特定角度和特定方式的描述；了解这些名家大师的读书生活，在一定程度上也就是对20世纪中国思想、文化和学术风云变幻历史的一次回顾与反思。

这些名家大师的读书方法、思想方式、治学特点，以及他们的人生追求、理想目标、生活情趣和精神境界，作为一种参照系统和历史经验借鉴，对于今天和未来的热爱知识与学问，热爱书籍，从而有志于读书、治学的读者朋友而言，无疑是大有裨益的。在强调“全民阅读”的今天，读什么书、如何读书仍是大家所关注的话题，互联网文化的扩张和智能手机自媒体的广泛应用，虽然给人们获取信息提供了诸多便利与更多的选择，但是同时又导致了阅读的浅表化、碎片化、快餐化，从而给读书带来了巨大的冲击，尤其是在阅读经典、经典化阅读方面，所受到的影响更加严重。有些人说现在的社会太浮躁，很少有人会静下心来读书。我们何尝不能说，正是因为读书太少，有些人的心不复宁静？腹有诗书，内心自会充盈，也自会以更自信的心境审视周遭的世界。正是从这些名家大师的身上，从这套丛书中所展示的文化大家的读书生活中，我们或许能获得诸多人生的教益，能找到自己想要的关于生命价值何在的答案。

本丛书采撷那些在读书治学方面堪称斫轮巨匠的名家大师们在书海中泛舟的点点帆影，来再现他们的神采风姿，以此奉献给读者，并且希望它们能陪伴读者朋友们度过一段快乐的读书时光。如果这一初衷能够实现，对于我们来说则是再幸运不过的事情了。

党圣元

2018年9月于北京

目　录

小　引

1907年，刚刚从医学救国的美梦中惊醒，并决计要提倡文艺运动的鲁迅，在他的第一篇文艺论文中便发出了这样的呼声："今索诸中国，为精神界之战士者安在？"[①]

十年以后，鲁迅在第一篇白话小说中塑造了自己心目中的精神界战士——狂人。狂人说："我翻开历史一查，这历史没有年代，歪歪斜斜的每叶上都写着'仁义道德'几个字。我横竖睡不着，仔细看了半夜，才从字缝里看出字来，满本都写着两个字是'吃人'！"于是从此，鲁迅开始了自己反传统的笔墨生涯。

1925年，鲁迅的反传统战斗，遭到了卫道士们的强力围

① 《摩罗诗力说》。

攻，他在无奈与悲愤中写下了《这样的战士》：

> 要有这样的一种战士——
>
> ……拿着蛮人所用的，脱手一掷的投枪。
>
> 他走进无物之阵，所遇见的都对他一式点头。他知道这点头就是敌人的武器，是杀人不见血的武器，许多战士都在此灭亡，正如炮弹一般，使猛士无所用其力。
>
> 那些头上有各种旗帜，绣出各样好名称：慈善家，学者，文士，长者，青年，雅人，君子……。头下有各样外套，绣出各式好花样：学问，道德，国粹，民意，逻辑，公义，东方文明……
>
> 但他举起了投枪。

晚年，在白色恐怖和病魔缠身的境遇中，鲁迅还经常说："要战斗下去！无论它对面是什么。"① "在真的解放之前，是战斗。"② "人生现在实在痛苦，但我们总要战取光明。"③

鲁迅逝世时，其文友林语堂在悼念文章中说："鲁迅与其称为文人，不如号为战士。战士者何？顶盔披甲，持矛把

①《致萧军》。
②《关于妇女解放》。
③《致曹白》。

盾交锋以为乐。不交锋则不乐，不披甲则不乐，即使无锋可交，无矛可持，拾一石子投狗，偶中，亦快然于胸中。此鲁迅之一副活形也。德国诗人海涅语人曰：'我死时，棺中放一剑，勿放笔。'是足以语鲁迅。"尽管林语堂没有指出鲁迅因何而战、为谁而战的思想境界，但鲁迅的战士形象却在寥寥数语中活灵活现了。

鲁迅的一生，就是战斗的一生，也是战士的一生。不过，在鲁迅参战的战场上，没有真枪实弹的飞舞往还，有的只是习惯上人们心目中最文雅的笔墨飞溅。这是无形的文化领域内传统与反传统阵营的对垒，是思想的较量，精神的战斗。因而也造就了鲁迅作为精神界战士光照千秋的形象。

鲁迅仅仅活了五十五岁，如果从发表《狂人日记》算起，他的战斗生涯还不到二十年，即使从发表第一篇文艺论文《摩罗诗力说》算起，充其量也只是三十年。然而鲁迅作为20世纪索诸中国的第一位精神界战士，则是胜利者。他的战斗获得了全社会的肯定，他的业绩在史册上留下了重重的一笔。

有人说，鲁迅是中国作家中的第一人，是旷世天才。然而我们要说，即使是天才，也有他赖以生存的生命基石。这生命基石，就是他的读书生活。

鲁迅出身书香门第，经过正规的经史训练。但由于聪明，在正常课业完成后，他更多地阅读了野史杂记和神魔鬼怪类书籍。在正史和野史的对照中，他认清了历史的真面目，也看透了钦定文史经籍修饰下社会的虚伪本质，从而也形成了他向几千年思想文化传统进行反击战斗的世界观和思维方式。这是他作为精神界战士的生命主旋律。

鲁迅读书有一种特殊习惯，就是抄书。大凡觉得是好书，而自己又没有藏本的，他都要逐字逐句地抄写。即使手头有的，他觉得是特别好的书，如有闲暇，他也要抄写。这习惯，后来又转变为对译书的偏好。鲁迅在日本最初搞翻译时就是边读边译。中国读书界自古有句行话，叫作“眼过千遍，不如手过一遍”。鲁迅青少年时期读过的书，大多都有手抄本。而他所翻译的三百多万字的著作，又无一不出自自己之手。鲁迅抄书、译书的这种特殊读书方式，又潜移默化为他作为精神界战士的坚韧品格和博闻、强记、深刻、厚重的内在思想素质。

从内容到方式，鲁迅的读书生活，正是构成他作为精神界战士的生命基石。

鲁迅的读书生活，大体可分为三个阶段。第一阶段从入私塾始至日本留学回国止，为求知阶段。第二阶段从1909年在杭州执教浙江两级师范始至1918年创作《狂人日记》止，有人说鲁迅“十年读书，十年养气”，鲁迅也承认“十年养气”说得是对的。实际情况是鲁迅这个阶段的读书，没有什么明确的目的，只是为了排遣苦闷，消磨时光，所以我们也便借上面的那句话，权且称这个阶段为养气阶段。第三阶段从投身五四新文化运动的战斗始至1936年逝世止，这个阶段鲁迅始终处于以写作向传统文化思想进击的战斗状态，他的读书是这种战斗间歇中的休息，是为了更好地战斗，因此，我们称之为战斗阶段。

求知、养气、战斗，就是鲁迅读书生活的全部内容。

百草园

鲁迅在《从百草园到三味书屋》中回忆说：

“我家的后面有一个很大的园，相传叫作百草园。现在是早已并屋子一起卖给朱文公的子孙了，连那最末次的相见也已经隔了七八年，其中似乎确凿只有一些野草；但那时却是我的乐园。

“不必说碧绿的菜畦，光滑的石井栏，高大的皂荚树，紫红的桑椹；也不必说鸣蝉在树叶里长吟，肥胖的黄蜂伏在菜花上，轻捷的叫天子（云雀）忽然从草间直窜向云霄里去了。单是周围的短短的泥墙根一带，就有无限趣味。油蛉在这里低唱，蟋蟀们在这里弹琴。翻开断砖来，有时会遇见蜈蚣；还有斑蝥，倘若用手指按住它的脊梁，便会拍的一声，从后窍喷出一阵烟雾。何首乌藤和木莲藤缠络着，木莲有莲房一般的果实，何首乌有臃肿的根。有人说，何首乌根是有像人形的，吃了便可以成仙，我于是常常拔它起来，牵连不断地拔起来，也曾因此弄坏了泥墙，却从来没有见过有一块根像人样。如果不怕刺，还可以摘到覆盆子，像小珊瑚珠攒成的小球，又酸又甜，色味都比桑椹要好得远。”

这确实是童年鲁迅的乐园。冬天的百草园虽不比夏天有趣，但一到下雪天，它同样是令鲁迅神往的，因为借着雪天鸟雀无处觅食，扫开一块雪地，用短棒支起一面竹筛，撒下秕谷，就可以捕鸟了。捕鸟的方法是住在园里的雇工章福庆教给鲁迅的。章福庆就是鲁迅小说《故乡》里的主人公闰土的父亲，鲁迅叫他庆叔。

章福庆的家住在靠近杭州湾的杜浦村，绍兴人称那一带为海边。由于靠租种地主的沙地度日，生活极无保障，他学会了许多手艺，给鲁迅家常干的活是晒谷和制作竹器。他的晒谷方法是用木铲，不用木钉耙，很省劲。而他制作的竹器则更让人称道。他不仅能得心应手地编制一般的竹器，还能做各种细活，如编提花盒时，就能编出各种字样。不过，让童年鲁迅感兴趣的是他做的各种竹玩具，连市场上都买不到。

在百草园做工的章福庆——庆叔，给童年的鲁迅带来了无穷乐趣，而最让鲁迅高兴的是他有一次还带来了他的儿子闰水，即《故乡》中的闰土。从庆叔那里知道，闰水是捕鸟能手，于是当闰水来的时候，鲁迅便飞跑着去迎接他。闰水，紫色的圆脸，头戴一顶小毡帽，颈上套着明晃晃的银项圈，坐在灶头间，见人很怕羞，只是不怕鲁迅，两人很快便熟悉了。通过闰水，鲁迅知道了无穷无尽的稀奇事，都是往常的朋友所不知道的。如海边的五色贝壳，西瓜的危险经历，还有状如小狗、生性伶俐、皮毛如油一般滑的猹……不过，更让鲁迅倾慕神往的则是海边那一幅风景：无边的沙地，碧绿的西瓜，五彩的贝壳，以及手捏钢叉、站在西瓜地上戴着银项圈的少年英雄……

闰水要走了，鲁迅急得大哭，闰水也躲在厨房里不肯出门。后来，闰水回去后，托他父亲给鲁迅捎来过许多很好看的贝壳和鸟毛，鲁迅也给闰水捎过一些东西。这是在百草园结下的友谊，其中的许多从未有过的快乐和伤心，也来自这百草园。

然而，百草园带给鲁迅的还不仅仅是这些。园里有的地方还长着很高的草，这草丛中鲁迅是不敢去玩的。因为传说这草丛中有一条很大的赤练蛇。因这蛇，从小带着鲁迅生活的保姆长妈妈曾经给鲁迅讲过这样一个故事：

“先前，有一个读书人住在古庙里用功，晚间，在院子里纳凉的时候，突然听到有人在叫他。答应着，四面看时，却见一个美女的脸露在墙头上，向他一笑，隐去了。他很高兴；但竟给那走来和他夜谈的老和尚识破了机关。说他脸上有些妖气，一定遇见‘美女蛇’了；这是人首蛇身的怪物，能唤人名，倘一答应，夜间便要来吃这人的肉的。他自然吓得要死，而那老和尚却道无妨，给他一个小盒子，说只要放在枕边，便可高枕而卧。他虽然照样办，但总是睡不着。——当然睡不着的。到半夜，果然来了，沙沙沙！门外像是风雨声。他正抖作一团时，却听得豁的一声，一道金光从枕边飞出，外面便什么声音也没有了，那金光也就飞回来，敛在盒子里。后来呢？老和尚说，这是飞蜈蚣，它能吸蛇的脑髓，美女蛇就被它治死了。结末的教训是：所以倘有陌生的声音叫你的名字，你万不可答应他。”

听着长妈妈的故事，小小的鲁迅似乎感觉到做人原来很危险。于是夏夜乘凉，便不敢往墙上看；走到百草园的草丛旁，又极想得到老和尚那样的飞蜈蚣，以防万一真的遇上了美女蛇的呼唤，即使不小心答应了，也可高枕无忧。

长妈妈还给鲁迅讲过许多礼仪和做人的道理。比如让鲁迅在旧历正月初一的清早一睁开眼睛，第一句话就得对她说：“阿妈，恭喜恭喜！”说过之后，吃一点福橘，一年到头，就顺顺溜溜。还说人死了，不该说死掉，应该说“老掉了”；死了人和生了孩子的屋里，不应该走进去；饭粒掉在地上，必须捡起来，最好是吃下去；晒裤子用的竹竿底下，是万万不可钻过去的……对长妈妈讲的这些古怪的仪式和道理，幼小的鲁迅感到非常烦琐，甚至有些厌烦。当然这与鲁迅一向对长妈妈的印象也不无关系。

长妈妈生得又胖又矮，背地总爱说别人的长长短短，管束鲁迅又死严，不让他走动，鲁迅哪怕翻一块石头，拔一株草，长妈妈都要向鲁迅母亲“告状”。特别是一到夏天，由于天气热，睡觉时她便伸开两手两脚，在床中间摆成一个“大”字，挤得鲁迅连翻身的余地都没有。这些做人的缺点，使得鲁迅“实在不大佩服她”，因此，她讲的那些做人的道理，让鲁迅感到厌烦，也就成了情理中的事了。这或许就是鲁迅后来立志反抗传统的最初意向。

然而，长妈妈也有让鲁迅产生敬意的时候，那是因长妈妈给鲁迅讲“长毛”的故事而引发的。在长妈妈的眼里，不但太平军是“长毛”，连后来的一切土匪强盗也都是“长毛”。她说，“长毛”非常可怕，一旦进城，家里的人就都要逃到海边去。因为他们见了大人要砍头，见了小孩则要掳去做小“长毛”。连同好看的姑娘也要掳。讲到这里，鲁迅不以为然地说：“那么，你是不要紧的。”在鲁迅看来，长妈妈既不是小孩，又不是生得好看的姑娘。但长妈妈却严肃地说：“那里的话？！我们就没有用么？我们也要被掳去。城外有兵来攻的时候，长毛就叫我们脱下裤子，一排一排地站在城墙上，外面的大炮就放不出来；再要放，就炸了！”

这故事实在使鲁迅感到出乎意料，他原以为这个浑身缺点的阿妈，满肚子都是麻烦的礼节，却不料她还有这样伟大的神力！不过，对长妈妈的这种敬意，在百草园时代的鲁迅心目中，并没有占据多长时间。之后不久，又因她谋害了鲁迅的心爱之物——隐鼠，这份敬意便完全消失了。

然而，长妈妈终于没有在鲁迅心目中消失，而且让鲁迅对她敬意有加，情意绵长，怀念久远！那是因为长妈妈后来给鲁迅买了一套他渴慕已久的绘图的《山海经》——一部引导鲁迅真正步入书海的书！一部启鲁迅精神之蒙的书！

另外，在百草园时代对鲁迅构成影响的还有鲁迅的祖母蒋老太太。蒋老太太是宋代著名诗人陆游的故里鲁墟村的人，她很懂得民间艺术，能把鳓鲞头里的骨头拆出来洗干净，装成一只仙鹤，不需要用胶水；也能把螃蟹的两只大钳拼成蝴蝶钉在墙上，都很像。蒋老太太个性幽默，尤善诙谐，侄孙们谈天时，她常坐在房门口椅子上，一声不响地听他们谈笑，待到必要时，她便突然画龙点睛地插上一句，引得大家哄堂大笑，而她自己却一本正经，不露笑意，还常反问："你们为什么这样好笑？"她的幽默诙谐，使孩子们对她很有好感，并且愿意和她接近。

每逢夏夜，童年鲁迅便跟着祖母去乘凉，听她讲故事。有一次，祖母给他讲"水漫金山"的故事。她说从前有个叫作许仙的人，救了两条蛇，一青一白，后来白蛇化作女人来报恩，嫁给了许仙；青蛇化作丫鬟，也跟着。一个叫法海的和尚认为许仙脸上有妖气，便将他藏在金山寺的法座后，白蛇娘娘来寻夫，于是就“水漫金山”。但白蛇娘娘终于中了法海的计策，被装在一个小小的钵盂里。钵盂被埋在地下，上面还建造起一座镇妖塔，就是杭州的雷峰塔。听了祖母的故事，鲁迅幼小的心灵里便产生了一种迫切的愿望，他盼望着雷峰塔能早日倒掉，雷峰塔一倒，白蛇娘娘就可以出来了。鲁迅后来曾就此写文章说：“试到吴越的山间海滨，探听民意去。凡有田夫野老，蚕妇村氓，除了几个脑髓里有点贵恙的之外，可有谁不为白娘娘抱不平，不怪法海太多事的？”

祖母说，后来玉皇大帝也怪法海多事，以至荼毒生灵，想要拿办他了。他逃来逃去，终于逃在蟹壳里避祸。这又使鲁迅记起吃螃蟹的事来。秋高稻熟时节，水乡泽国的绍兴，所多的是螃蟹，煮到通红之后，无论取哪一只，揭开背壳来，里面就有黄、有膏。倘是雌的，就有石榴一般鲜红的子。先将这些吃完，便会露出一个圆锥形的薄膜，再用小刀小心地沿着锥底切下，取出，翻转，使里面向外，只要不破，便可变成一个罗汉模样的东西，有头脸和身子，是坐着的，绍兴的孩子们都称他是蟹和尚。祖母说，他就是躲在里面避难的法海。对此，鲁迅后来又说：“我对于玉皇大帝所做的事，腹诽的非常多，独于这一件却很满意，因为‘水漫金山’一案，的确应该由法海负责；他实在办得很不错的。”

雷峰塔建在杭州西湖净慈寺前一座叫雷峰的小山上，建于公元975年。塔下镇着白蛇娘娘的事，虽是没有根据的传说，但后来鲁迅长大了，到杭州去，看见这破破烂烂的塔，心里就不舒服。1924年9月，雷峰塔终于倒塌了，当即成为轰动一时的新闻，消息传到北京，鲁迅很快写了《论雷峰塔的倒掉》一文。文章对白蛇娘娘反抗精神的赞颂，是由衷的、舒心的；对法海所代表的封建传统势力的揭露鞭挞，则是深刻的、鞭辟入里的。文章最后说："当初，白蛇娘娘压在塔底下，法海禅师躲在蟹壳里。现在却只有这位老禅师独自静坐了，非到螃蟹断种的那一天为止出不来。莫非他造塔的时候，竟没有想到塔是终究要倒的么？活该。"

周家的蒙书

鲁迅童年的乐园百草园究竟在什么地方呢？周作人说，在“绍兴府城内东昌坊口”的新台门，新台门“就是百草园的所在地”。新台门里住着十几户周姓人家，鲁迅家就是其中的一户。

鲁迅的祖父是清朝翰林，叫周介孚，曾做过知县，更多的时间是做京官。他生活俭朴，为官廉正，却喜好骂人。他自己是翰林出身，所以也极想把鲁迅的父亲和鲁迅都培养成翰林，在台门口悬起一个匾额，上书“祖孙父子兄弟叔侄翰林”，以此来勉励家中所有人。然而，这仅仅是他的幻想，鲁迅的父亲周伯宜在考取县学生员后，屡应乡试不中，便一直闲居在家里。鲁迅生下来时，祖父正在北京做官，接到家信，适值有姓张的同僚客人来访，他便用那人的姓给鲁迅取名，以图吉利。这样鲁迅的小名就叫“阿张”，随后又找同音异义的字取作“书名”，是“樟寿”二字，号曰“豫山”，取义于豫章。后来鲁迅上书房去，同学们取笑他，叫他作“雨伞”，他听了不喜欢，又让祖父改名为“豫才”。

周介孚在鲁迅家是绝对的家长，但和同时代别的家庭的家长相比，他是较为民主的。据鲁迅的三弟周建人回忆：“在鲁迅幼年时代的一般‘家庭教育’粗分起来，可以分为二大派。方法上一派主张放纵，一派主张严厉。目的上一派主张养成拍马和钻营的手段，一派主张养成正直强硬的性格。鲁迅的家庭教育系统上是属于严厉的一派的。”周介孚在家庭教育方面不仅有自己的主张，而且还有与众不同的做法。比如在孩子读书方面，别的读书人家的孩子都是从四书五经读起，接着便是九经、十三经依次读下去。但他却主张孩子应该先读一点历史书，以便对中国历史有一个简单的总概念，然后再让孩子读《西游记》一类的小说，以便引起孩子们的读书兴趣。读了《西游记》之后，就可以读比较易懂的《诗经》，以后再念别的什么经书也可以。由于周介孚的这一套独特主张，周家的孩子鲁迅等从小就看到了当时一般读书人家的孩子们无法看到的中国古典小说名著，而他们的蒙书则被规定为《鉴略》，是清人王仕云所著的一本初级历史读物。其形式是四言韵语，内容上起盘古，下迄南明弘光。

周介孚还认为在学了历史之后，接着应该让孩子们读一些古典诗词。为此，他还特地给鲁迅等规定了一个读诗词的程序："初学先诵白居易诗，取其明白易晓，味淡而永。再诵陆游诗，志高词壮，且多越事。再诵苏轼诗，笔力雄健，辞足达意。再诵李白诗，思致清逸。如杜之艰深，韩之奇崛，不能学亦不必学也。"最后写的是"示樟寿诸孙"。由此可见，祖父对孙儿们的学习是煞费苦心了。

据周建人回忆说："那时在中流以上的家庭里，小孩唯一的事就是读书。""周家的孩子读书，规定是六虚岁上学，有些孩子因出生的月份小，上过学拜过孔老二以后，在家里再等待一年或半年后正式去入学塾读书，也有上学以后接着就读书的。"[①]鲁迅七岁那年，父亲就把他送进书塾正式读书去了。老师叫周玉田，名兆蓝，是鲁迅的远房叔祖，鲁迅叫他蓝爷爷。周玉田给鲁迅教的就是周家规定的那本蒙书——《鉴略》。由于文字的深奥，孩子们很不容易领会其中内容，鲁迅在最初读《鉴略》的时候，只能是跟着叔祖认字而已。

当时绍兴人把小孩上学叫牛穿鼻，意思是小孩进了书房，就像牛鼻子被穿了绳一样，要跟着老师走了。鲁迅后来在《随便翻翻》一文中说："我最初去读书的地方是私

---

①《回忆鲁迅》。

塾，第一本读的是《鉴略》，桌上除了这一本书和习字的描红格，对字（这是作诗的准备）的课本之外，不许有别的书。”面对这种刻板的生活，鲁迅是很不习惯的。于是他便常常存有一种异想，他盼望过年过节，更盼望迎神赛会的到来。

那时，妇孺们是不许看赛会的，读书人也大抵不肯赶到庙前和衙门前去看。鲁迅小时候关于赛会的知识，多半是从东昌坊口的手工业工人和市民的叙述中得来的。在他们的叙述中，像高照、抬阁、高跷、马头等杂技艺术，以无比的吸引力，吸引了鲁迅的心思和神思。特别是高照到的时候，长竹竿揭起一面很长的旗，一个汗流浃背的胖大汉，用手托着，大汉高兴了，就将竿头放在头顶或牙齿上，甚至于放在鼻尖上……这更让鲁迅神往。然而鲁迅家住的东昌坊口是个很偏僻的地方，等到赛会的行列经过时，已经到了下午，仪仗之类也减而又减，更看不上杂技艺术表演了。往往伸长脖子等了多时，却只见十几个人抬着一个金脸或红脸的神像匆匆地跑过去。于是，完了。鲁迅常存着这样的希望：下次所见的赛会能比这次繁盛些，可结果总是差不多。然而，他终于等到了一次，那就是他的小姑母请他看五猖会的那一次。

鲁迅有一个小姑母，比鲁迅大十二三岁，同小侄们特别要好，经常和大家一起游戏讲故事。等到她出嫁那天，小侄们不让她走，有的还要同她坐了轿子去。她的夫家在东关，出嫁后她也没有忘记鲁迅他们。一天，小姑母来接他们到东关镇去看五猖会，那会是全县最盛的会，这使鲁迅非常高兴。东关镇离城很远，出城还有六十多里水路，往这么远的地方去赶会看戏，在平时是不大可能的事。这次机会难得，大清早，大家就起来了，可是鲁迅正高兴的时候，周围的人突然脸色变得严肃起来，鲁迅知道有些蹊跷，四面一看，父亲就站在他背后。

“去拿你的书来。”父亲慢慢地说。

鲁迅的父亲寡于言笑，很少和孩子们亲近，有时也发脾气，但从不打骂责罚孩子。然而这次却例外了，他让鲁迅拿的书，就是鲁迅正在玉田老人那里读的《鉴略》。看着父亲满脸的严肃，鲁迅忐忑不安地将书拿来。父亲叫他坐在堂中央的桌子前，教他一句一句读下去。鲁迅担着心，但只有跟着一句一句地往下读。

大约读了二三十行吧，父亲说：“给我读熟。背不出，就不准去看会。”说完，便进了自己的书房。

这是没有料到的，鲁迅好像头上浇了一盆冷水。但是又有什么办法呢？自然是读着读着，也努力强记着。

这时，船已泊在新台门前的小船埠头，准备同船去的人都等候着，太阳升得更高了，鲁迅也更加焦急起来。他忽然似乎很有把握，站起来，走进父亲的书房，一口气儿背下去，梦似的就背完了。

“不错。去罢。”父亲点头说。

这一下气氛完全变了，大家几乎同时活跃起来，而且脸上都露出了笑容。工人更是将鲁迅高高地抱起，祝贺他的成功。大家一起向停船的地方走去。

然而鲁迅的高兴劲儿却全没有了。开船以后，浙东运河里的风景，盒子里的点心，以及到了东关以后五猖会的热闹，对于鲁迅似乎已经没有了多大的意思，他心中一直萦绕着父亲那严肃的脸，同时也想起了祖父。祖父也很关心他们的学习，但祖父更细致耐心，比如他叫孩子们写文章，他会认真地修改，并把其所以要修改的原因告诉孩子们，有时他还自己也做一篇同题文章作为范文，让孩子们进行比较。更让鲁迅难以忘怀的是祖父抽空还带孩子们去看戏，并把戏台上出现的每个历史人物的名字告诉孩子们，回家以后，还要查出这些人物的故事，让孩子们自己去看。

三十多年以后，鲁迅还说：“我至今一想起，还诧异我的父亲何以要在那时候叫我来背书。”

对《山海经》的渴慕

鲁迅说他对于《山海经》的渴慕，“是从一个远房的叔祖惹起来的”。这位叔祖就是鲁迅的第一个塾师玉田老人。

玉田老人身体较胖，性情和蔼，生活极有规律，喜欢虫、鱼、花、草，在家里也种一点花，如珠兰、茉莉之类，还有南方很少见的马缨花。他还爱好山水和游览名胜古迹，也喜欢赋诗填词，兼好考据，曾写过一本《鉴湖竹枝词》，共一百首。他考取秀才后，就在家里开设私塾，教着几个儿女和新台门内的几位侄孙。他生平最快乐的一件事，是去陕西探望九弟时曾登游西岳华山，并写过一篇《游华山》的诗文。在教书之余，他也研究医理，但不行医。他虽然爱好广泛，却很少与人交流，因为他的太太的个性正好与他相反，对什么都觉得莫名其妙，一次将晒衣服的竹竿搁在珠兰的枝条上，枝折了，她还要愤愤地骂一声："死尸！"由于无人可谈，他就和孩子们往来，有时还把孩子们视为"小友"。

鲁迅在玉田老人那里读《鉴略》时，虽然对《鉴略》的内容一知半解，但字却是认识了不少。而一认识字，就对书产生了兴趣，于是便到处搜寻书籍来看。鲁迅家可以算得上书香人家了，然而藏书却并不很多，至于那些与科举考试无关的特别书目就更少了。周作人回忆："可能有些是毁于太平天国之战，有些是在介孚公的京寓吧，总之家里只有两只书箱。"里边的"书籍可以列举出来的，石印《十三经注疏》，图书集成活字本《四史》《纲鉴易知录》《古文析义》《古唐诗合解》为一类，《康熙字典》大本小本各一部，也可附在这里。近人诗文集大都是赠送的，特别的是《洗斋病学草》和《娱园诗存》，上有伯宜公的题识，《说文新附考》《诗韵释音》，虽非集子，也是刻书的人所送，又是一类。此外杂的一类，如《王阳明全集》《谢文节集》《韩五泉诗》《唐诗叩弹集》《制义丛话》《高厚蒙求》《章氏遗书》《癸巳类稿》等"[①]。

总观家中藏书，适合刚刚在读《鉴略》的鲁迅读的书却几乎没有。于是，鲁迅便在认自己为"小友"的玉田老人那里搜求。鲁迅说："在我们聚族而居的宅子里，只有他书

①《鲁迅的故家》。

多，而且特别。制艺和试帖诗，自然也是有的；但我却只在他的书斋里，看见过陆玑的《毛诗草木鸟兽虫鱼疏》，还有许多名目很生的书籍。我那时最爱看的是《花镜》，上面有许多图。”这里鲁迅感觉到特别的两部书，《毛诗草木鸟兽虫鱼疏》，是解释《毛诗》中动植物名称的书，而《花镜》则是一部纯粹讲述园圃花木的书，且有许多图画，这正好迎合了少年鲁迅的求知心态。然而，玉田老人还有更好的书，便是绘图的《山海经》，书上画着人面兽，九头的蛇，三脚的鸟，生着翅膀的人，没有头而以两乳当作眼睛的怪物……但玉田老人却很惋惜地说这书不知道放在哪里了。

鲁迅当时听了之后，非常迫切地想看看这样奇妙的图画书，可又不好意思力逼他去寻找。玉田老人又很疏懒。向别人打听，别人也是不知道的。要买，压岁钱还有一点，但却没有机会。因为卖书的地方离鲁迅家很远，一年内鲁迅只能在正月间去玩一趟，而正月间，书店又是不开门的。这的确使迫切想看这本书的少年鲁迅有些渴慕和失望。

鲁迅说：“玩的时候倒是没有什么的，但一坐下，我就记得绘图的《山海经》。”由于太过于渴慕的原因，连平时很少关心书的长妈妈也来向鲁迅问起《山海经》究竟是怎么一回事，竟把鲁迅想念成这个样子。鲁迅知道长妈妈是不懂书的，况且她刚刚将鲁迅心爱的隐鼠弄死，鲁迅正在心里怨恨着她。所以尽管如此想念，也从未向她提说过。现在她既然来问了，鲁迅也就都对她说了。

过了不到一个月时间，长妈妈回了一趟自己的家，现在又回到鲁迅家，她穿着新的蓝布衫，一见到鲁迅，就将一包书递过来，高兴地说：“哥儿，有画儿的‘三哼经’，我给你买来了！”

这消息，对当时的鲁迅来说，简直是晴天一声霹雳，他激动得浑身都震颤起来了，赶紧接过来，打开纸包，是四本小小的书，略略一翻，人面的兽，九头的蛇，三脚的鸟，生着翅膀的人……果然都在里边。

这又一次使鲁迅对长妈妈产生了新的敬意，在鲁迅看来，别人不肯做，或不能做的事，长妈妈却能做成功。她确有伟大的神力！这时，谋害隐鼠的怨恨，一下子便从鲁迅心里完全消失了。

直到几十年以后，鲁迅想起此事，还非常感慨地说：“这四本书，乃是我最初得到，最为心爱的宝书。”

然而从书的刻印质量来说，却是很粗劣的。纸张很黄，图像也很坏，甚至于几乎全用直线凑合，连动物的眼睛也都是长方形的。但尽管如此，那也是少年鲁迅渴慕已久，最为心爱的宝书。因为书中那些人面的兽，九头的蛇，一脚的牛，袋子似的帝江，没有头而“以乳为目，以脐为口”，还要“执干戚而舞”的刑天……令常人想不到的奇异事物，最大限度地开启了少年鲁迅的求知欲望和心智思维。

从此以后，鲁迅便更用心、更努力地开始广泛搜集绘图的书。于是，小小鲁迅的藏书箱里，不断有新的绘图的书添进。先是有了石印的《尔雅音图》和《毛诗品物图考》，接着又有了《点石斋丛画》和《诗画舫》。《山海经》也另买了一部石印的，每卷都有图赞，绿色的画，字是红的，比长妈妈给买的那一套精致得多了。石印的这一部《山海经》鲁迅是一直保存着的，而长妈妈送的那一部木刻的《山海经》却不知在什么时候失掉了。

不过，长妈妈却永远留在了鲁迅的心里。1926年，鲁迅在《阿长与〈山海经〉》中写道：“我的保姆，长妈妈即阿长，辞了这人世，大概也有了三十年了罢。我终于不知道她的姓名，她的经历；仅知道有一个过继的儿子，她大约是青年守寡的孤孀。

“仁厚黑暗的地母呵，愿在你怀里永安她的魂灵！”

蓝门与白光

蓝门是新台门里的一幢楼房，因为那门是蓝色的，所以人们便通称它为蓝门。蓝门的主人叫周子京，号敏甫，与鲁迅祖父介孚公同辈，所以鲁迅他们平常叫他作明爷爷。

周子京也曾设塾教过书，1891年，鲁迅便拜在他的门下读《孟子》。但此人有点精神病，他的许多言行在新台门里被人传为笑话。起初，他曾考过秀才，但文章做得特别怪，以至于考官以为是同他们开玩笑。如他作的试帖诗，题目是“十月先开岭上梅”，第一句诗写的是“梅开泥欲死”，为什么梅开了泥会想死呢？其中玄妙谁也搞不懂，只有他自己知道。这样文理不通的人本来是不能当先生的，但由于他和鲁迅家住在一个台门里，两家相距不过几步路，况且他虽然做不通文章，四书总是读过的，依样画葫芦地教读一下，总可以凑合着过去的。于是，为了方便，鲁迅便离开了周玉田的私塾，来到蓝门。

蓝门的房屋虽说是楼房，但很破败荒凉，有的地方楼板门窗都没有了。西边楼下南向的一间稍好一点，便是子京的住宅。宅门朝西的窗外有一个小天井，里边长着一棵橘子树，鲁迅的书桌放在窗下，便可时时看见这树，于是孩子们又称这里为橘子屋。

橘子屋，听起来是很雅致的，但它的主人却确实不敢让人恭维。在鲁迅来这里读书的时候，周子京正在做着掘藏发财的梦。有一次，他似乎看得很准确了，叫来工人，将地上的石板凿开一个缸口大小的圆洞，挖了半天，却什么也没有挖到。还有一次，子京家的女佣喝得醉醺醺的撞到橘子屋来，坐在床前的太师椅上，东倒西歪地坐不住，周子京只好去扶住她。由于醉得眼睛发花，她忽然说道："眼前一道白光！"子京认为这就是地下白银闪出来的光，他在惊慌之余，急忙问道："白光，在哪里？"他以为这次很有把握，就对学生们说："今天放学了。"不久，他自己跑出去，带回几个工人，连夜开掘，快到五更才散。第二天，鲁迅去到橘子屋读书，他却仍然宣布："今天放学。"据说因为夜间掘出深坑之后，子京亲自下去查看，摸到一块石头的角，很像埋葬尸体的石椁。他一惊，赶忙爬上来，却把腰闪坏了，躺在床上好几天不能教书。

由于掘藏无所得，周子京的神情更加恍惚起来，教学生读书，有时连凑合也凑合不下去。比如他给学生教对课，课题句子中有荔枝的荔字，他先写了草字头下三个刀字，觉得不大像，又改作木字旁三个力字。鲁迅拿回家让父亲看见了，父亲在上面批了一句大约是批评的话。第二天，周子京大为惊恐，在课本上注了一大堆谴责自己的话，最后一句是“真正大白木”，意思是自己真是个什么都不懂的人。可是不久，在介绍东方朔的时候又出了笑话。西汉时有个文人叫东方朔，辞赋写得不错，但为人性情很滑稽，于是便有许多趣闻传说。一次，周子京给鲁迅教对三字课，内容取自东方朔的传闻，用“叔偷桃”对“父攘羊”，不但平仄不调，而且他竟然依据民间读音，把东方朔读成了“东方叔”。又一次教读《孟子》，本来当时私塾里教书是不一定要讲解的，但子京却偏要讲解。当讲到《孟子》引《公刘》诗云：“乃裹糇粮”，他解释说这表示公刘非常穷困，把活狲袋的粮食也“咕”的一下子挤出来，装在囊橐里带走了，这里“裹”与“糇”这两个字的原意是什么，他一概不管，只取其发音，做他自己的解释。

对于这样的先生，还有什么话好说呢？鲁迅把公刘抢活狲果子的话告诉了父亲，父亲只好苦笑。这样，鲁迅在橘子屋读书，大约坚持了一年，就宣告结束了。

书房散伙后，周子京的精神病更加严重了。有天夜里，他在自己的房间自怨自艾，不知道为什么事，随后又自打嘴巴，还用前额磕墙，反复大声地说着“不孝子孙”的话。第二天早晨起来，脑壳肿破，神情惨然，别人没有敢和他说话的。又过了段时间，一个媒婆借给他说亲，骗了他的钱。此后不久，他便大举发狂，常常大声疾呼地往外狂奔。服侍他的女佣，每遇他向外狂奔时就紧紧跟上。有时怕追不上，便抓住他的辫子，一个在前狂奔，一个在后拉着辫子不断地喊着“老爷！老爷！”后来，他终于可悲地跳河死了。

鲁迅在橘子屋读书的一年时间里，确实没有学到什么，但他在塾师周子京身上又似乎确实看到了不少。因为周子京对“白光”的痴迷和发狂，后来竟成了鲁迅的短篇小说《白光》的原始素材。

从橘子屋到三味书屋

大约在十二三岁的时候，鲁迅走出蓝门的橘子屋，又来到了三味书屋。这是全城中最严厉的一个私塾。

“出门向东，不上半里，走过一道石桥，便是我的先生的家了。从一扇黑油的竹门进去，第三间是书房。中间挂着一块扁道：三味书屋；扁下面是一幅画，画着一只很肥大的梅花鹿伏在古树下。没有孔子牌位，我们便对着那扁和鹿行礼。”鲁迅说：“第一次算是拜孔子，第二次算是拜先生。”“第二次行礼时，先生便和蔼地在一旁答礼。他是一个高而瘦的老人，须发都花白了，还戴着大眼镜。”①

这位戴着大眼镜的老塾师，就是常到酒店去喝酒的寿镜

① 《从百草园到三味书屋》。

吾。他名怀鉴，生于1849年，自二十岁考取秀才后，就再没有去参加乡试，而是继承父业，在三味书屋坐馆教书，直到1929年以八十高龄逝世为止。寿镜吾先生自己不吸烟，也不准儿孙吸烟。向别人家借书看，讲好什么时间归还，就一定不拖过什么时间，而且书保存得很好。夏天，有客人到他家里去，他赤膊是不接见客人的，无论至亲好友，一定要等穿好了衣服才肯与客人谈天。

在收学生方面，无论和蓝门相比，还是和新台门隔壁的王广思堂相比，都较为严格。王广思堂教书每年四节，每节收四五百铜钿，只要有钱就都收下。三味书屋从不乱收学生，人数一般保持在八个左右；从读《大学》起至《尔雅》止，一年四节，每节收大洋二元。而且还要可靠的熟人介绍，寿先生亲自到家来看过，同意后，他就点点头说："正月十八开学，自己背桌椅来。"这样才能进到三味书屋去。开学的时间一过，他就不再收学生了。而王广思堂，清明前可以不去读，就是偷一节。收费上虽说收几百铜钿，但每月初一、十五都要另外送钱去，作为批改文章的费用。

三味书屋不像蓝门那样因掘藏而随便放假，其他假日也很少，每年端午、中秋各放一天，剩下的就是寿镜吾在二月里的四天扫墓时间，作为学生的假日。学生一旦进了三味书屋，就得用功读书，不许在墙上涂墨迹，也不许无故不上学。有三天不上学者，寿先生就亲自跑到学生家里追问原因。学生如果有事，他会“噢噢”地悻悻而归，如果学生有病，他会说一声“病好了马上叫他来”。

每到中午或傍晚时分，如果是晴天，寿镜吾就走到前面小天井里，看看太阳照到什么地方了，假使已是吃中饭或晚饭的时候了，他就叫学生们回家去吃饭。他把学生送到门外，并且站在门口的石桥上，看看学生在路上有没有打架，直看到学生走远了，才放心回去。

那时候，每个私塾都要体罚学生，体罚是管理学生的重要手段。寿镜吾在三味书屋也备有一根竹制的戒尺，整天放在他授课的四方桌上，而且也有罚跪的规定，但都不常用。他的严厉主要表现在平时对学生的严格教育上，要到他生气的时候，才用戒尺在淘气学生的手上轻轻打几下，以示惩罚。不过，到他气极了的时候，也会叫学生离开三味书屋，不准学生再读下去。而一般情况下，他总是瞪几眼，大声说道：“读书！”

由于寿镜吾对自己的学生既关心又严格，所以人们都愿意把自己的孩子送到这里来。鲁迅也就是这样被送进三味书屋的。

三味书屋给鲁迅的印象是深刻的。寿镜吾不愿意占人家的便宜，也不肯自己吃亏，清早，他到大云桥去买菜，除了不讲价钱外，还要拣几个大一点的铜钿给卖菜的小贩，但是当他自己拿银圆去换铜钿的时候，则一定要按九八通用制钱，一个也不能少。他的儿子考中了秀才，报单送到时，他托出三百文板方大钱，如果送报单的人嫌少不肯收，他便说，这是父辈们传下来的老规矩，若不满意，可以把秀才拿回去。春节的时候，鲁迅到老师家里去拜年，第二天，寿镜吾便来回拜，穿着褪色的红青棉外套，手里拿着一沓名片，在堂前大声说道："寿家拜岁。"

寿镜吾生活俭朴，家里不雇女工，由寿师母做饭，他帮忙。平日里穿着也不讲究。夏天，备一件夏布长衫，挂在书房墙上，供他和已经成年的两个儿子出外穿用。可三人个子有高有矮，总有人穿着不合身的，但他却全不在意。

寿镜吾闲暇时就看书，或者枯坐"净心"。他曾对鲁迅说，陶渊明的"好读书不求甚解"，意思是不去看注解，而只读本文。这个见解鲁迅直到晚年还记得非常清楚。当然让鲁迅印象最深的，还是他的反清思想。寿镜吾对清政府的腐败无能丧权辱国深感不满，他同情义和团的反帝斗争，而对甲午割让台湾、中法战争和八国联军攻打北京都很愤怒。当时绍兴有句名谚，叫作"合肥宰相天下瘦"。宰相指李鸿章，李又是合肥人。但这里却把"合肥"当动词用，揭露挖苦李鸿章搜刮天下钱财，养肥了自己。寿镜吾也非常痛恨李鸿章，一遇熟人就开始责骂李鸿章。他认为自己生逢乱世，乱世里不好出去做事情，只能在家隐居。所以他在1869年考上秀才后，不愿再参加乡试，宁愿在家里开馆教书。他一生就没有到过钱塘江的北面，连绍兴邻县萧山也没去过。他的二儿子寿洙邻想去参加乡试，他坚决不同意。儿子一定要去，他就把儿子关起来，还做了一张状子，拿到长庆寺的穆神庙里去烧。后来寿洙邻做了县官，差人送银子给父亲使用，他连看都不愿看，原封不动地退了回去，并在差人面前骂道："畜生，不听话！"

对于帝国主义的侵略，寿镜吾简直是伤透了心。他一生坚持不买洋东西，不穿洋衣服，连相片都不肯拍摄。他认为这些洋货都是外国人拿到中国来骗钱的。他在代人撰写的一篇发起组织诗社的序文中说："今日者，四境虎眈，中原龙战，纵使才堪经世，莫假斧柯；心切济川，奚资舟楫。抱感慨悲歌之意，于风云缭绕之时，能不发思古之幽情，效长言而永叹！"流露了他对祖国前途的关心和有志难酬的忧愤。

鲁迅在蓝门度过那段令人哭笑不得的生活后，就这样又在三味书屋读书了。清朝时，一个塾师能够不查秘本，空手点完四书，在乡下，就要算一位大学者了。寿镜吾对于教教四书五经之类，是得心应手的。

鲁迅说："我对他很恭敬，因为我早听到，他是本城中极方正，质朴，博学的人。"[①]

① 《从百草园到三味书屋》。

“早”

在三味书屋里，大约早晨八点钟，大家就到齐了。到了就背书，背完后，就站在先生的书桌周围听他教新书。教新书时，老师并不讲解，只要你死读，自己去记住、分析、比较。这使鲁迅有些失望，他说：“弄得好，是终于能够有些懂，并且竟也可以写出几句来的，然而到底弄不通的也多得很。”但是，读书总得应该以弄懂为目的吧，于是，他便鼓起勇气去问寿先生了。不过他问的并不是经书上的事，而是有关东方朔传说中名叫“怪哉”的一种鸟的事。寿先生对鲁迅的发问很不高兴，脸上带着怒色回答说：“不知道！”通过这次的提问，鲁迅才明白了学生到书塾，目的就是读书，读先生教的书。此外的事是不该问的。

正午是习字，鲁迅写字时，每写完一张，都要书上“×

月×日周樟寿字”。写完大字，就到放学吃中饭的时候了。

傍晚是对课，对课是练习作诗的一种方法。对课完，一天的功课就算完了。对课是很费脑筋的事，有不愿动脑筋的学生，经常偷看老师准备好的课题。一次一个同学翻到了老师准备好的课题——“独角兽”，便问鲁迅怎么对，鲁迅随口给他说“四眼狗”。对课的时间到了，寿老先生出了“独角兽”的课题，那位请教了鲁迅的学生马上对了“四眼狗”，先生一听气极了，说：“独角兽是麒麟，四眼狗是什么？你见过没有？”这时鲁迅急忙用书按住脸偷笑。事后，鲁迅对那位同学说：“我本来是和你开玩笑的。”对课的水平与看书的多少有极大关系。鲁迅是同学中间读书最多的一个，因此，他对课总能对好。像这次对“独角兽”，有对“三脚蟾”的，也有对“九头鸟”的，鲁迅则对了“比目鱼”，寿老先生连连点头说：“‘独’不是数字，但有单的意思，‘比’也不是数字，但有双的意思，可见是用心思考出来的。”还有一次先生出了“月中桂”的题，有的同学对“风前柳”，有的同学对“雪里梅”，鲁迅却对了个“星里麻”。这回连寿老先生也有点不解其意，鲁迅解释说：“星有牛郎织女之别，织女星不是织麻的吗？”说得这位学问渊博的宿儒也无话可说，只能表示赞同。由此可见，少年鲁迅不仅书读得多，而且思维也敏捷，多次得到寿老先生的夸奖。鲁迅回忆说：“先生最初这几天对我很严厉，后来却好起来了，不过给我读的书渐渐加多，对课也渐渐地加上字去，从三言到五言，终于到七言。”[①]

除了上书、写字、对课之外，其余时间，就是读书。学生读书的时候，都放开喉咙使劲地读。有读《论语》中“仁远乎哉我欲仁斯仁至矣”的，有读《幼学琼林》中“笑人齿缺曰狗窦大开”的，也有读《易经》中“上九潜龙勿用”和《尚书》中“厥土下上上”的。而鲁迅则一般采用默读。为了计算读书的遍数，鲁迅设计了一张书签，上写“心到口到眼到读书三到”几个字。读一遍抽一个字，同时集中精力加强记忆。寿先生的儿子曾回忆说：“鲁迅在书塾里读书，绝不闻其书声。若偶一发声，字字清朗，抑扬顿挫，表现书味，动人倾听。”

学生读书时，寿老先生也读书。后来，学生的声音便低下去，静下去了，只有他自己还大声朗读着：“铁如意，指挥倜傥，一座皆惊呢……；金叵罗，颠倒淋漓噫，千杯未醉嗬……。”鲁迅疑心这是极好的文章，因为读到这里，寿先生总是微笑起来，而且将头仰起，摇着，向后面拗过去，拗过去……

书塾里是没有上课下课的，当先生读书入神时，学生们便偷偷地溜到后园去玩耍。“三味书屋后面也有一个园，

① 《从百草园到三味书屋》。

虽然小，但在那里也可以爬上花坛去折蜡梅花，在地上或桂花树上寻蝉蜕。最好的工作是捉了苍蝇喂蚂蚁，静悄悄地没有声音。然而同窗们到园里的太多，太久，可就不行了，先生在书房里便大叫起来：‘人都到那里去了？！’人们便一个一个陆续走回去。”[①]有时同学们不去后园里玩，而是用纸糊的盔甲做游戏。鲁迅对学习抓得很紧，常常在规定的时间以前就做好了先生布置的作业。因此，在别的同学玩的时候，他也有时到后园去，有时也做纸糊盔甲，但次数不多。他更喜欢的是看野史笔记，和影描古典小说的绣像。他的这些爱好，还影响了周围的其他同学，他们也学着搞起了影描绣像。

但寿老先生对这些美术活动是禁止的，如果同学们的影描绣像被他发现，他就会毫不客气地拿来撕掉，而且还要训斥一番，甚至要打手心。因为在当时的私塾里，读四书五经，学八股赶科举是“正路”，看野史笔记，搞影描绘画，无疑有碍于这条“正路”。寿老先生自己虽然对于仕途并不热心，但把培养学生去赶这条“正路”，却看作是本分。所以，他对学生课外的不务正业活动，采取了许多压制政策，其中之一就是布置繁重的背书任务。半月时要背半个月里所上的书，月底时要背一个月里所上的书，到了年底，则要把

① 《从百草园到三味书屋》。

一年内所上的书全都背出来。背不出当然要打手心。这样，一到年底，大家都急急忙忙地读书，疙疙瘩瘩地背书。读熟一本背一本。鲁迅往往在旧历的腊月中旬就不到三味书屋来了，而是在家里复习功课。经过几天苦读之后，拿着厚厚的一摞书，往寿老先生面前一放，终于把一年内所上的书，从头到尾全部背诵出来了。

虽然鲁迅从未因完不成任务而受到责罚，但他对只准读四书五经的规定却非常不满。后来他在《二十四孝图》一文中说："我们那时有什么可看呢，只要略有图画的本子，就要被塾师，就是当时的'引导青年的前辈'禁止，呵斥，甚而至于打手心。我的小同学因为专读'人之初性本善'读得要枯燥而死了，只好偷偷地翻开第一页，看那题着'文星高照'四个字的恶鬼一般的魁星像，来满足他幼稚的爱美的天性。昨天看这个，今天也看这个，然而他们的眼睛里还闪出苏醒和欢喜的光辉来。"

绘画在书房里受到限制，鲁迅就到家里去画。不过鲁迅在家里是很忙的，除了学习，还要帮做家务。因此，有一天他上学迟到了。先生批评了他，他很懊悔自己的迟到，决意以后要早上学，就在课桌的右上角刻下了一个核桃大的"早"字，作为时时警惕的记号。直到晚年他还清楚地记着这件事情，并在闲谈中告诉了许广平。1956年，许广平回到绍兴参观三味书屋，绍兴鲁迅纪念馆的同志告诉她，鲁迅坐过的那张桌子还是原物，她便说，那应该有个“早”字啊！

果然，“早”字还清楚地留在那张课桌上。一笔一画都刻得很深，一目了然。

鲁迅在三味书屋读完五经和《周礼》之后，还读过一部《尔雅》，后来照例须学作八股文了。鲁迅虽然学习勤奋，但对学作八股文却极不感兴趣，他认为这种“描头画角”的东西是“不能启发心灵”的。（据寿镜吾儿子寿洙邻回忆）

书塾以外

鲁迅小时候因为不大用功，曾受过祖父的责骂，直到看了《西游记》之后，才第一次对“书”产生了兴趣，开始用功地读起书来。这里这个“书”，指的是书塾以外的书。鲁迅说：“在书塾以外，禁令可比较的宽了。”然而鲁迅家里的那几箱藏书，内容都是“正经”的，即使禁令放宽了，也很难满足鲁迅的愿望。因为他想看的是图画、野史、笔记或杂记等，而这些在家里的藏书中是绝少有的。怎么办？自从长妈妈给他买了《山海经》之后，他自己也萌生了买书的意念。

起初，鲁迅买书还是秘密的。有一次买了一册《海仙画谱》，是关于绘画描法的书。买来后，因怕父亲发现责骂，便小心地藏在楼梯底下。结果还是被父亲发现了，父亲翻了一回，似乎也颇有兴趣，一声不吭地还给了鲁迅。此后，鲁迅买书和绘画，顾虑就少了。

鲁迅在《随便翻翻》中回忆他幼年读书情况时说："后来也看看文字。这样就成了习惯，书在手头，不管它是什么，总要拿来翻一下，或者看一遍序目，或者读几页内容。"这样，购读文字书的劲头也来了，于是在他所买的书中，又逐渐有了《郑板桥集》《徐霞客游记》《唐人合集》《金石存》等。其中《花镜》是以二百文钱从族兄周兰星那里买来的。为了买书，他几乎把可以得到的钱都节省下来，放学以后，他便赶着时间到大街上去买书。当时鲁迅对书籍十分爱护，从书店买回的书，有订得不好的，他常常要自己重新订过，有时还用栗壳纸改换封面，不仅使得书整齐美观，而且还牢固耐用。

后来，鲁迅又由买书发展到大量抄书。有的书由于买不到或没有钱买，他就特地借来自己动手抄。抄书的地点在曾祖母卧室的空楼上，那里南窗下放着一张八仙桌，鲁迅就在这张八仙桌上开始了抄书工作。

最初是抄小本的《康熙字典》，从"一"部抄起，把上面所列的、当时已少见了的古字，一个个地抄下来，订成一册。此后对百花诗有了兴趣，他便将《唐诗叩弹集》中的百花诗归类分别抄录出来。一次，他从玉田老人那里借到一部木版小本的《唐代丛书》，如同发现了一个新天地似的，用工整的小楷抄录了其中许多植物学方面的著作，如中国的第一部茶书——唐代“茶圣”陆羽所著的三卷《茶经》，以及陆龟蒙的《耒耜经》与李翱的《五木经》等，还抄了竹谱、笋谱等五六种谱录。以后又买到一部《二酉堂丛书》，该书对少年鲁迅来说又是一重新天地，里面所收的全都是古遗书辑本，是他以前很少或从未看到过的，如古史传、地方志、乡贤遗集等都有。买到此书后，鲁迅又开始了抄录古逸书的工作，并由此引起他对整理校辑古籍的兴趣，也为他以后整理校辑《会稽郡古书杂集》和《古小说钩沉》《小说旧闻钞》《唐宋传奇集》等书奠定了基础。《农政全书》中的《野菜谱》有着丰富的野菜知识，因为买不到，鲁迅也用荆川纸影写下来，合订成一册。

鲁迅抄书，开始用荆川纸，为了使字迹整齐，他还特地画了格子纸衬在荆川纸下照着格子抄写。后来条件好一点了，他又刻了有直行的木版，用竹纸定印了许多张。直行的条子是黑色的，抄的时候只要在底下衬上一张横格子纸就可以了。

鲁迅抄书时用的笔，大多是绍兴卜鹤汀笔店所产的“金不换”。后来，他在《答杨邨人先生公开信的公开信》中说：“我并无大刀，只有一枝笔，名曰‘金不换’。……是我从小用惯，每枝五分的便宜笔。”少年鲁迅就是用这种笔，一个字一个字地抄录下了他所喜爱的各种读物。

鲁迅小时对衣着全不注意，描画、绣像、折纸、抄书、订书以及用纸包书却是他的专长，他把全部精力都倾注在这上面了。鲁迅母亲卧床的旁边，有一只红色皮箱，是鲁迅专用的藏书箱，里边所藏的书，都是鲁迅自己买来的或自己抄录的。由于木板的书箱，虫子容易钻进去，所以他就特地选用了皮箱。鲁迅放书的时候，依其开本，大的归大的，小的归小的，很注意整齐，放好后，又在缝隙里插些小包樟脑，以防虫蛀。

买书，抄书，目的都是阅读。鲁迅在家里读书的时间常常是晚上。母亲房里有一张四仙桌，每当晚饭后，鲁迅便擦干桌子，搬出书籍来，一页一页地翻着看。翻看时，他又很注意手指的清洁，总要先将手洗干净，然后才从书页折缝上方印有一条阔墨线的地方翻过去。他最忌讳的是用中指或食指在书页上刮过去，因为这样很容易使书的下角翘起来，而书页上也就留下了一条指甲刮过的痕迹，既影响美观，也容易使书籍损坏。

在少年鲁迅所搜集、阅读和抄写的书籍中，有好大一部分是讲草、木、虫、鱼的，如《南方草木状》《广群芳谱》及《花镜》等。这些书又引起了鲁迅对植物学的浓厚兴趣，于是他又利用课余时间开始栽种花木。在他栽种的花木中，有映山红、石竹、盆竹、平地木、万年青、黄杨、栀子、佛拳、芸香、兰花、荷花等数十种。草花每年收籽，分类后用纸包成方包，写上名称藏起来，等到第二年再种。鲁迅栽种的这些花木，有的是从山上迁来的，有的是他自己栽培的。小松树和刺柏他也种过，但不易长大。

在这些花木中，有的是观赏花草，有的则是中药材。栽培过程中，鲁迅有时向有经验者请教，有时通过《花镜》等书自己钻研栽培技术，而尤为重视自己的实践，后来，他还用自己实践中获得的知识，订正了书籍上一些不全面或错误的说法。如映山红的移植，《花镜》一书上说："山踯躅，俗名映山红……以羊粪为肥，若欲移植家园，须以本山土壅始活。"而鲁迅则用自己实践的知识，在此段话后加上了按语："按：花性喜燥，不宜多浇，即不以本山土栽亦活。"

少年鲁迅对草木花卉的爱好，不仅扩大了在书塾内学不到的知识领域，而且还激发了他对植物学，乃至生物学和整个自然科学的兴趣。

另外，经过多方寻找，鲁迅还读到过一些当时被正统人士视为异端邪说的书，如嵇康、范缜等人的著作，还有明、金的野史和东方朔等人的故事。据鲁迅的一位本家回忆，鲁迅在少年时代读了许多野史笔记，对中国历史逐渐有了自己的初步认识，还曾作过一首《咏史》诗：

宋高不愿二圣回，
南内孤凄事可哀。

烛影斧声愿不恶，

终留疑案后人猜。

这首诗揭露了南宋小朝廷置国家危亡于不顾，而拼命争权夺利、祸国殃民的罪恶行径。这或许正可看作鲁迅一生致力于向中国社会政治和传统文化不断发起战斗的开端。

乞食者的意外收获

从塾内到塾外；从四书五经到神魔绘画、草木花卉、野史笔记；从读而背，背而买，买而抄，抄而藏——鲁迅的读书领域逐渐扩大，读书兴趣逐渐增强，鉴别能力逐渐形成。就在鲁迅准备进一步在书海里遨游的时候，他的家里却突然发生了一场大变故，即他在京做官的祖父被朝廷关进了监狱。

1893年，鲁迅十二岁的那年除夕，七十九岁的曾祖母去世了，此后不到一个月，祖父便从北京告假回乡尽孝。

当年秋天，浙江举行乡试，主考官是周介孚在科举中一道考上的同年。周家的一个亲戚因儿子参加乡试，在考试前请周介孚去通关节。一开始，介孚公觉得不大好办，后来推辞不掉，就写了一封信。亲戚拿了信，又附了一千元的钱庄期票，派人送往已到苏州的浙江学台（即主考）那里去。那时朝廷规定，学台到了省里，不能收拆私信。信送到时，学台正与苏州知府谈话，就把信放在一边。可送信的人不明底细，吵着要一千元的回条，学台只好按规定让知府拆信。知府拆开一看，拿着信就走，回去向光绪皇帝奏了周介孚打通关节的事。光绪批下来要将周介孚逮捕法办，于是周介孚不得不离家躲起来。

根据当时清政府的法律，捉不到案犯本人，就要把家里的其他男人都捉去，甚至“满门抄斩”。这样，鲁迅的父亲自然要躲起来，家里的其他男人包括鲁迅在内，也只能躲起来。过了一段时间，介孚公看到因自己而使家里人四处逃散，长期下去也不是办法，就主动到杭州“投案”，从此就被关了起来。当时负责审理这个案件的杭州知府，和介孚公的私人感情很好，就给光绪皇帝写了个奏章，说周介孚是个孝子，因母亲之丧，很悲伤，以致神经错乱，让他静养一段时间，到神志清醒后，再审理上报。于是判刑的事就挂了起来。这个知府还给他租了一套房子，派一个人去看门，允许姨太用人去陪他，但不许他随便外出，实际上就是软禁起来了。

祖父的事虽然搁起来了，但鲁迅家里却从此走上了下坡路。因为祖父、姨太、用人一并五个人在杭州的生活费用很高，且要给两个工人和一个看门人开工资，同时还要不断地筹措营救之资。周家就这样很快被“吃”空了。八年以后，鲁迅的祖父终于出狱了，但出狱后三年便郁郁而死。

当1893年鲁迅全家都出外避难时，鲁迅被父亲安排到皇甫庄的外婆家寄居。皇甫庄，鲁迅并不陌生，过去他曾随母亲多次来过这里，并与当地小朋友六一、七斤等结下了友谊。虽然六一、七斤都与鲁迅外祖父同辈分，但小朋友们一起玩耍却根本不在乎这些。他们一块撑船捕虾，看社戏，有时还自己装小鬼，演上一段《目连戏》，真是乐趣无穷。然而这一次鲁迅来到外婆家，情况却不同了。

据周作人回忆，周介孚的科场案给周家的灾祸实在不小，大人们怕小孩子在这纷乱的环境不合适，便打发往皇甫庄的外婆家避难，鲁迅被寄在大舅父鲁怡堂处，周作人被寄在小舅父鲁寄湘处。人情势利，亲戚本家的嘴脸都显现出来了。而鲁迅则回忆说，他曾被人称作是“乞食者”。说出这话的人或许是随意的，而对于少年鲁迅来说，则极大地伤害了他的自尊心，构成了对他心灵上的一次重大打击。然而，也就是这次避难生活，使鲁迅又在文化知识、文化修养及社会常识等方面获得了意想不到的收获。

鲁迅在家里的时候，见到的绣像书，主要是长妈妈给他买的《山海经》，虽然启迪了他的心智和思维，但由于刻制粗糙，从纯绘像方面看，赏玩价值不大。在皇甫庄的大舅父家，他看到了一部《荡寇志》，是道光年间的木刻原版，画像生动，像赞也用篆隶真草各体分书，显得相当精致，一下子提起了他对绘画的真正兴趣。于是，他从就近杂货店里买来了“明公纸”，开始细心地一张张地影写这些绣像，像赞的字也都照样子写下来，除了其中的楷书曾由表兄帮写过几张，其余的全都由他一个人包办，直至影写完毕。后又订成一册，带回家去。大约一两年后，因一个同学喜欢，鲁迅又缺钱用，便卖给了他。此外，在皇甫庄大舅父家，鲁迅还看到一部《毛诗品物图考》，这也引起过鲁迅的极大兴趣。回到家后，他也买了一本同样的书。

鲁迅在皇甫庄住了五六个月，到了1893年年底，因典屋期满，外婆家就开始分居，大舅父搬到小皋埠，小舅父回到老家安桥头。因为小舅父家都是女孩，不大方便，鲁迅和弟弟们也同了大舅父一并搬到小皋埠。小皋埠这里的房东是胡、秦两姓，住在一个大台门里，台门后面有一花园，名曰娱园。秦家的主人名树铦，字秋渔，是前清举人（或是进士），以诗画著名，曾刊行过四卷《娱园诗存》。等鲁迅来到小皋埠的时候，秦秋渔已经死了，继承他的是儿子秦少渔，是鲁迅大舅父的内弟，鲁迅他们叫他“友舅舅”，他与鲁迅很谈得来。因此，鲁迅到这里后也不再影画绣像了，时常跑去找这位友舅舅谈天。秦少渔继承了父亲的许多爱好，也喜欢绘画，但尤爱小说。凡是那时所有的“说部书”，他几乎全备，有石印的，也有铅印的，他自己看过后，便堆在楼上一间小套房里，有的放在书架上，有的扔在桌子上或地板上，以致蒙上一层厚厚的尘土。鲁迅除了和友舅舅谈天外，其余的时间便跑到这间套房里翻小说看。由于书籍是乱扔一堆，所以寻找起来比较费事，比如六本八本一部，往往差了一本，要花好些时间才能找全。这对鲁迅来说并无多少不好，因为他有的是时间一本一本地寻找，一本一本地阅读。鲁迅从前在家里也看小说，但种类很少，只有《西游记》《三国演义》《封神榜》《镜花缘》几种，但在小皋埠的这间小套房里，他看到了种种版本的《红楼梦》，种种的侠义小说，还有别的从未见到过的种种小说，他简直进到了一个小说的世界，这实在是他未曾料到的收获。

鲁迅在小皋埠，虽然初到时有些陌生，但不久就熟悉了。尽管过去有人说他是乞食者，不过在同龄的孩子们心目中，却没有这层隔阂，他们照样和接待客人一样，热情地欢迎鲁迅的到来。据当地一些老年人回忆，当年鲁迅住的台门西端有一座桥，叫水坝桥，桥的南岸，每逢会市，就搭起戏台，演出会市戏，即鲁迅后来在小说中描写的社戏。戏台突出在水面，岸上船上都可看戏。当时上演的戏多为高调班，也有武调、京班、徽班等，内容则有《西厢记》《狸猫换太子》《关公走麦城》等。鲁迅常和小朋友们一道兴致勃勃地去看戏，也和小朋友们一起玩耍，放风筝，捉迷藏，有时还剥煮罗汉豆，或一起伏在河沿钓虾。这使他又深深感到生活在劳动人民中间的温暖。

此外，鲁迅在避难时期看到的社会景象中，给他心灵上震动最大的事情之一就是抢亲。那时的抢亲，一种是父母为生活所逼，只得将女儿当成商品卖掉，姑娘自己不愿意，于是夫家便来抢亲。他们雇了大汉，摇着船来，姑娘不知道，在河埠淘米或洗衣，突然被拖入船舱，嘴巴塞上棉絮，船很快开走。这时，往往是母亲在家中哭，女儿在船上撞和喊，一片凄惨景象。假使抢走的是丈夫卖掉的妇人，或是婆婆卖掉的寡妇，被强迫抛下幼小的子女，其情景便更凄惨。还有一种是定过亲，但男方来抢时，女方的父母都不知道，当女方的父母出面交涉时，男方就把抢到的女人像物品一样，藏到另一个村子去。那时，绍兴风俗讲究抢亲抢不到人，连鸡都要抢走一只，否则，男家就要遭火灾的。

1894年的春夏之交，鲁迅结束了避难生活，回到绍兴家中，继续就读于三味书屋。

走异路

鲁迅在《呐喊·自序》中说："有谁从小康人家而坠入困顿的么，我以为在这途路中，大概可以看见世人的真面目；我要到N进K学堂去了，仿佛是想走异路，逃异地，去寻求别样的人们。"鲁迅的"走异路"，最初的起因是他父亲的病。

1894年，甲午中日战争中国战败的消息传到绍兴，鲁迅的父亲听了后，想到国家前途，面呈忧色，在院子里与本家们谈起，他有四个儿子，将来可以一个派往西洋，一个派往东洋去做学问，以便回来之后可以救国。但不久他就病倒了。这时，周家的经济已经很拮据，家里四五十亩水田因介孚公的下狱已变卖完了，为了给鲁迅父亲治病，只得陆续把一些衣服和首饰送到当铺去典当，这个差事自然就落在周家的长男鲁迅身上。

当时绍兴的当铺很多，鲁迅经常出入的是离家不远的恒济当，店主叫夏宗彝，他曾捐过湖北道台，用搜刮来的银钱开设当铺，对穷人重利盘剥，人们背后骂他是“夏末代”。鲁迅说：“我有四年多，曾经常常——几乎是每天，出入于质铺和药店里，年纪可是忘却了，总之是药店的柜台正和我一样高，质铺的是比我高一倍，我从一倍高的柜台外送上衣服或首饰去，在侮蔑里接了钱，再到一样高的柜台上给我久病的父亲去买药。”即使这样奔波，他父亲的病还始终不见好转，最后终于在1896年的10月去世了。

父亲去世不久，新台门里十几户周家，为重新分配房屋，集会议事。本家们见鲁迅家已成孤儿寡母，爷爷又被押在狱中，分给鲁迅家的房屋既差又小，而且还逼着鲁迅在议单上签字。鲁迅对这种不公平的分法非常不满，当场提出这件事情自己不能做主，要请示爷爷，并坚决不肯签字。这次逼鲁迅签字最厉害的是曾教过鲁迅《鉴略》的周玉田。最后，鲁迅虽然没有签字，但此事给他内心的创伤是深重的。

父亲去世后，还有一件事情对鲁迅触动很大。鲁迅小时经常到本家的衍太太家里玩耍，长大以后也还常到她家谈天。由于家庭变故，鲁迅又不减读书兴趣，便常常和衍太太谈起很有些东西要买，看的和用的，只是没有钱。衍太太便说道：“母亲的钱，你拿来用就是了，还不就是你的么？”

鲁迅说母亲没有钱。她就说可以拿首饰去变卖。鲁迅说没有首饰。她却说："也许你没有留心。到大橱的抽屉里，角角落落去寻去，总可以寻出一点珠子这类东西……"

衍太太的行为鲁迅是知道的，她虽然因不为难小孩而很讨小孩子喜欢，但说假话的事却经常发生。如鲁迅小时候与几个孩子玩打旋子，看谁旋得多，她从旁记着数，说道："好，八十二个了！再旋一个，八十三！……"这时正旋着的阿祥跌倒了，阿祥的婶母走过来，她便接着说："你看，不是跌了么？不听我的话，我叫你不要旋，不要旋……"这次鲁迅听了她的关于到抽斗角落找找珠子的话，觉得有些异样，便不到她家去了。大约此后不到一个月时间，就听到一种流言，说鲁迅已经偷了家里的东西去变卖了。鲁迅听了这话，内心非常愤怒，可又无法去解释，有时连自己也仿佛觉得真犯了罪，怕遇见人们的眼睛，也怕受到母亲的爱抚。

从幼年时候起，鲁迅就看到了如祖父案发过程中的官僚、幕友，绍兴城内的秀才、举人、店主及落魄潦倒的儒生等等。家庭变故后，他又亲身经受了所谓上流社会的虚伪和堕落，如周玉田、衍太太等，甚至连自己的祖父，他也渐渐地感到不大佩服了……鲁迅说："S城人的脸"，他是看透了，"连心肝也似乎有些了然。"于是，他便萌发了"走异路"，寻求"别一类人们"的念头。

然而，这"别一类人们"究竟在哪里呢？环顾三味书屋里十多个同学的出路，真可谓是五花八门：

高幼文早在鲁迅十三岁那年就辍学，留在家里帮助父亲管理织丝绸的手工工场；

章祥耀，即买走鲁迅自己影描的《荡寇志》《西游记》中人物插图绣像的同窗，他的父亲是开锡箔店的，他离开三味书屋后，先学做生意，后继承父业，做了店主；

胡昌训去学衣庄店倌；

吴书绅到河北去当慕友；

鲁迅十六岁那年，住在周家老台门内的鲁迅堂叔周梅卿也离开三味书屋，到杭州去学当铺生意，做了朝奉，临别时，鲁迅送给他一面古铜镜作为纪念；

同年，李孝炎也不读书了，考上了末科秀才；

周兰星家是地主，离开三味书屋后，便留在家里管账；

莫守诚当了自家丝行的小老板；

鲁迅十七岁那年，王福林到钱店去学钱业；

周寿恒回家做了嬉客大少爷；

莫守忠离开最迟，后来也考上了秀才……

尽管同学们的出路五花八门，但总归起来也不外乎当时读书人家子弟常走的老路："学做幕友或商人"，而没有一个走"新"路的。鲁迅不喜八股，也"看不起钱"，因此决心不走三味书屋同学所走的路，而要到外面去寻求别样的人们，"无论其为畜生或魔鬼"。这其实就是指他要进新学堂，寻找那些主张革新的人。虽然进新学堂的目的已经明确，但究竟到哪里去，对当时的鲁迅来说，还是一个难题。

当时，浙江省内较正规的新学堂只有三所，即杭州求是书院、宁波效实中学和绍兴的中西学堂。这些学校大多是一些新党人物搞起来的。鲁迅后来在《重三感旧》一文中说："光绪末年的所谓'新党'，民国初年，就叫他们'老新党'。甲午战败，他们自以为觉悟了，于是要'维新'，便是三四十岁的中年人，也看《学算笔谈》，看《化学鉴原》；还要学英文，学日文，硬着舌头，怪声怪气地朗诵着，对人毫无愧色，那目的是要看'洋书'，看洋书的缘故是要给中国图'富强'，现在的旧书摊上，还偶有'富强丛书'出现……正是那时应运而生的东西。"对浙江的这三所新学堂，鲁迅首先关注的当然是绍兴中西学堂。这所学堂把"中学"与"西学"并提作为校名，表示了改革与维新的倾向，但它却为绍兴城"全城所笑骂"。当然，鲁迅后来没有进这所学堂倒不是因为它的被"全城所笑骂"，而是不满意这所学堂的课程设置。因为它只开设汉文、算学、英文和法文，新意在鲁迅看来显然是不够的。课程设置较为别致的，当时要首推杭州求是书院，但这所学校的学费特别贵，对家庭已经破产，几乎"连极少的学费也无法可想"的鲁迅来说，自然是进不去的。"因为没钱"，鲁迅只得再去寻找不用学费的学校。

不用学费的学校在哪里呢？鲁迅本家的一个叔祖给鲁迅提供了一条重要线索。这位叔祖叫周椒生，小名曰庆，鲁迅这一辈叫他庆爷爷。他是个举人，因了一个亲戚的推荐，被派在南京江南水师学堂教汉文，兼当监督。1897年年终，周椒生回家，向鲁迅介绍了水师学堂的情况，并说这个学校是不要学费的。于是鲁迅便托他去联系，事情很快就说妥了。这样，鲁迅便决定到南京去上水师学堂。

鲁迅要去南京上水师学堂，周家本家叔伯辈中有人竭力反对，并斥责说："这乃是当兵！"因为当时的社会风气是所谓"好男不当兵"的。对于这些鲁迅也不管。他在《呐喊·自序》中说："我的母亲没有法，办了八元的川资，说是由我的自便；然而伊哭了，这正是情理中的事，因为那时读书应试是正路，所谓学洋务，社会上便以为是一种走投无路的人，只得将灵魂卖给鬼子，要加倍的奚落而且排斥的，而况伊又看不见自己的儿子了。"另外，鲁迅母亲放行鲁迅，也与鲁迅父亲有些关系。鲁迅父亲生前不仅在本家们面前谈起过将自己的一个儿子送西洋，一个儿子送东洋；还在家里说过："我不叫孩子再走老路（赶考做官）了，以后叫他们入学堂去。"

当然，父亲的嘱咐，母亲的放行，都是外因，而更主要的是鲁迅自己一心要"走异路"的坚定信念。正是这信念，使他抗拒住了来自社会各方面的"奚落和排斥"，毅然决然地往南京求学去了。临行前，鲁迅的母亲对鲁迅说："我们绍兴有句古话，叫作穷出山。"意思是穷人的孩子读书是会有出息的，暗示鲁迅到南京后，争口气，好好读书。后来的事实说明，鲁迅没有辜负母亲的期望。

乌烟瘴气的水师学堂

1898年5月，鲁迅怀着对S城人的厌恶和不满，对寻求别样的人们的憧憬，告别了整整生活了十七年的故乡，来到南京。南京对鲁迅来说是既熟悉又陌生。熟悉的是鲁迅曾在前辈人关于太平天国的故事中听到过它，陌生的是他还的确没有到过这个地方。因此，初到南京，给他的印象是新鲜的。

一进仪凤门，就可看见两个显眼的标志：一个是约有二十丈高的桅杆，一个是比桅杆还要高的烟囱。如果爬上桅杆的顶端，便可以近看狮子山，远眺莫愁湖了。这便是鲁迅准备进的江南水师学堂。鲁迅到了水师学堂，首先去找叔祖周椒生，暂住在他的后房。椒生虽然在这个新学堂里担任着监督，但他的思想却显然有些守旧，他像鲁迅家中的长辈一样，觉得本家的子弟进学堂“当兵”不大好，至少不宜拿出家谱上的本名来报名。于是，鲁迅刚到南京，便在椒生的主持下改了名字，取“百年树人”之典，改周樟寿为周树人，至于号“豫才”正与“树人”可以互映，便不曾更改。

鲁迅在江南水师学堂报名后，很快考取了试读生，三个月后正式补入三班，每年可得津贴二两银子，名曰赡银。在生活上有了着落，但第一次离开故乡，思想上难免时时泛起对处在困顿家庭中的老亲弱弟的思念，在当时作的一篇散文中，他这样写道：“行人于斜日将堕之时，暝色逼人，四顾满目非故乡之人，细聆满耳皆异乡之语，一念及家乡万里，老亲弱弟必时时相语，谓可当至某处矣，此时真觉柔肠欲断，涕不可抑。故予有句云：日暮客愁集，烟深人语喧。皆所身历，非托诸空言也。”①

鲁迅入水师学堂的时候，正是光绪皇帝下令变法维新的时候，一时间，北京紫禁城里，新政诏书和谕令接连传出，废除八股，改革科举，设立学堂，派人出国，筑铁路，开矿产，办邮政，裁驿站……但这场运动却遭到以慈禧太后为首的顽固派的强力反对，变法维新的新政仅仅维持了一百零三天就失败了。不过，它的种种新政理想对追求进步人士的影响却是无法扑灭的。江南水师学堂其实是洋务运动的产物，到维新运动时期，它早先的办学思想便显出了种种落伍的迹

① 《集外集拾遗补编》。

象，因而，鲁迅也渐渐地对这所学堂感到不满了。

江南水师学堂的课程设置很简单，每星期六天中有四整天是英文，剩余两天一天读汉文，主要读《左传》，什么“君子曰，颍考叔可谓纯孝也已矣，爱其母，施及庄公”；一天做汉文，题目有“知己知彼百战百胜论”“颍考叔论”“云从龙风从虎论”“咬得菜根则百事可做论”，等等。从学汉文这两天的内容看，与读四书五经没什么两样。

学堂的校长叫总办，资格是候补道，大堂上悬着军令，是可以将学生杀头的。总办下又设监督。学堂分驾驶、管轮、鱼雷三班。鲁迅被分在管轮班的机关科，那是上不了舱面的业务，永远也不会有机会去做驾驶一类的工作，这些工作都被与学校当局有关系的人抢走了。学堂的学制为九年，分作三段，称曰三班，每三年升一级，从三班到二班以至头班。鲁迅初进去只能做三班生，而学校当局对低班生的待遇是十分苛刻的，如三班生的宿舍用具是一桌一凳一床，床板两块；头两班学生卧室里则是二桌二凳一床，床板多至三块。学校的做法促进了歪风邪气的上涨，那些高班生进教室的时候夹着大而厚的洋书，神气十足，绝非那些低班生所敢正视；即使是空手走路，也一定要将肘弯撑开，活像一些螃蟹式的名公巨卿。低班生只能跟在后面走，不能赶到他们前面的。

学校原来有个水池，是供学生游泳的，因为淹死过两个年幼的学生，便早被填平了。鲁迅进校时，上面已特地盖了个小小的关帝庙，是想借关圣帝君来镇压屈死鬼的。在每年旧历七月十五日，还要请一大群和尚到“雨天操场”来放焰口。一个红鼻而胖大的和尚，“戴上毗卢帽，捏诀，念咒：‘回资啰，普弥耶吽！唵耶吽，唵！耶！吽！！！’”使学校充满了浓重的封建迷信色彩。

对于学校的黑暗和压力，鲁迅和其他同学曾有过反抗。一次，一个新职员到校，势派很大，神态傲然，可是他却把一个名叫沈钊的学生叫作沈钧，引起学生们的哄笑，鲁迅等同学背地里便把“沈钧”的名字送给他，叫他沈钧。此事触犯了学校当局，认为这是犯上作乱，在两天内，对鲁迅等十多个同学接连记了两大过、两小过，再记一个小过便会被开除。这使得鲁迅有些尴尬，一时对前途也产生过迷惘情绪，而对这所学校则更是有一种说不出的感觉。他想，既读英文，也读汉文；既学爬桅杆，练游泳术，又要放焰口、拜关帝……这究竟是一所什么样的学校呢？最后，他找到了一个比较贴切的词语来概括，就是“乌烟瘴气”。并由此他又进一步认识到所谓“洋务运动”，只不过是打着改良主义的旗号，来维持封建主义寿命的一场运动。当鲁迅朦胧地产生了这样的认识之后，便觉得如果在这个学校里继续读下去，是不很合适的。于是在进校半年之后，他便离开了江南水师学堂，趁江南陆师学堂附设的矿路学堂招生的机会，投考了矿路学堂。

看淡科举

1898年11月间，鲁迅还没有最后离开水师学堂的时候，曾请假回家一次，并参加了当年的县考。

所谓县考，就是科举考试的初级台阶——考秀才。早些时候，鲁迅在三味书屋由于勤奋好学，不自满足，比其他同学多读过几部书。据周作人在《鲁迅的青年时代》中回忆："我明了的记得的有一部《尔雅》，这是中国最古的文字训诂书，经过清朝学者们的研究，至今还不容易读，此外似有《周礼》《仪礼》，因为说'丧礼'一部分免读，所以仿佛还有点记忆。……书房上新书，照例用行计算，笨拙的人一天读三四行，还不能上口，聪明的量力增加，自几十行以至百行，只要读得过来，别无限制。因此，鲁迅在三味书屋这几年里，于九经之外至少是多读了三部经书。"

按照常规，经书读完后，应当“开笔”学八股文，准备去应考。鲁迅虽然从心里不喜欢学八股文，但在当时的环境里，只得奉命学习。又由于先生寿镜吾也不喜欢赶科举、学八股，所以教八股文的任务就交给他的儿子寿洙邻来完成。寿洙邻回忆说：鲁迅“乃从我学作八股，授以《曲园课孙草》一册（按：系俞曲园给他的孙子俞陛云去看的，浅显清新，很少有滥调恶套），鲁迅即能成篇，将我所改文呈其祖父介孚公阅览。但鲁迅并不喜欢八股，以为此等描头画角不能启发心灵”。另据周作人日记中记载，鲁迅于1898年2月24日给在杭州蹲监狱的祖父介孚公寄去诗文各两篇，文题分别是《义然后取》和《无如寡人之用心者》；诗题分别是《百花生日》（得花字）和《红杏枝头春意闹》（得枝字），两篇诗文均是寿洙邻先生改过的。同年3月20日，鲁迅又给杭州的介孚公寄去诗文各两篇，文题是《左右皆曰贤》《人告之以过则喜》；诗题为《苔痕上阶绿》（得苔字）、《满地梨花昨夜风》（得风字）。这说明鲁迅确实为应付科举考试做过准备。

绍兴每年的县考时间是农历十一月初六，鲁迅这次回家探亲，正好赶上了这个时间，于是，准备去赶考的本家族叔周仲翔和周伯文便拉他一起去赶考，正对水师学堂的乌烟瘴气怀有不满情绪的鲁迅也就随他们参加了这次县考。

绍兴当时还称会稽县，全县五百多名考生按五十人为一图，共分为十一图。考试结果是凡周家参加的四人（仲翔、伯文、鲁迅、周作人）初试都已及格，而且鲁迅的成绩很不错。可就在这时，鲁迅四弟椿寿患急性肺炎去世，鲁迅料理丧事后，因心情不好，当即便回了南京。县考之后接着就是府考，仲翔、伯文因鲁迅走了，不能参加，深为惋惜，他们劝鲁迅的母亲不妨找人去代替府试，在大案上保留一个名额，第二年去应院试，博得一个秀才的头衔也不枉了十年寒窗。鲁老太太最初不同意，因为找“枪手”（即代人考试者）要花钱，而且鲁迅已经进了学堂，秀才也就不必再要了。后来经再三劝说，鲁老太太才答应了。被请的人是仲翔的妻弟，费用两元。同年十二月二十四日府试榜文出来，代替鲁迅应试的人，显然不如鲁迅的成绩好，但也勉强过关，在大案上保留了鲁迅的名额。院试则在次年十月，这时鲁迅早已转到矿路学堂安下心来，根本没有理会参加院试的事。最后是周姓三人前去，只有仲翔考中末名秀才。

县考对当时的读书人来说是头等大事，全部目的所在，但鲁迅却对此看得很淡，甚至在他一生数百万字的著述中，从未提到自己参加县考一事。然而，我们通过别人的忆述看出，鲁迅如果不走异路，在科举道路上也一样可以获取功名。这从另一个角度也可看出鲁迅作为那个时代的读书人的价值。

开明的矿路学堂

1898年农历九月，鲁迅参加了矿路学堂的第一期招生考试，九月底发榜被正式录取。因等待外籍教师，学堂迟迟没有开学，直到第二年正月才正式开学。在等待正式开学的三个月时间内，鲁迅请假回绍兴探亲，便有了参加县考的插曲。

矿路学堂是附设在江南陆师学堂下的，它的全名是“江南陆师学堂附设矿路学堂”。江南陆师学堂是甲午中日战争后，由两江总督张之洞于1896年奏请设立的。据当年陆师学堂学生湛国钧回忆说：“我国自甲午一役失败后，帝国主义从四面八方来侵略中国，乘机掠夺。这一行动，激起广大人民的要求，于是爱国志士，就纷纷倡议图强，各省疆吏，亦竞谋练兵自卫，这时候，张之洞任两江总督，乃首先奏请设立江南陆师学堂，以为造就将才之基。”陆师共办了四期，矿路学堂是在第二期附设的，其他几期都没有。鲁迅在《琐记》一文中回忆说，时任两江总督的刘坤一听到南京附近的青龙山煤矿有很好的开采前景，便奏请朝廷，开办矿路学堂。他在奏折中说：“矿路学之初基，与武备生所习相近，亦由金陵陆师学堂挑选学生，分斋课程。”矿路学堂虽为学堂，实际上等于陆师学堂的矿路班，因为机构、招生、校舍均与陆师一体，只在授课方面与陆师学生有一定区别。

矿路学堂的课程设置以开矿为主，造铁路为辅，学制为三年。前半期是补习中学功课，有算学、代数、几何、物理、化学等，如鲁迅在《呐喊·自序》中所说，这时“我才知道世上还有所谓格致，算学，地理，历史，绘画和体操。生理学并不教，但我们却看到些木版的《全体新论》和《化学卫生论》之类了”。矿路学堂的课程设置重在技术，一般自然科学仅仅是基础课。鲁迅在矿路学堂入的是矿务班，不学军事，重点专业课程是地学浅说和金石识别。当然汉文课也要学，读的仍然是《左传》之类，不过作文题目就比较新颖了，如有“工欲善其事必先利其器论”等。由于学堂请德国人做军事教习，所以外文上的是德语。

到第二学年，学堂换了总办，名叫俞明震，鲁迅说俞是一个新派人物，他坐在马车上的时候也总在看《时务报》之类的新学期刊，因此，课堂上有时竟会写出“华盛顿论”这样的作文考题来。由于校长俞明震的开明，学校对于新学的传播也是敞开的，在学校阅报处就呈放着《时务报》《昌言报》《申报》《苏报》《译书汇编》等新报刊，供学生们阅读。鲁迅不仅利用课余时间读这些新报刊，而且自己还买了《天演论》《民约论》《群学肄言》《法意》《穆勒名学》等新书来阅读。

鲁迅从小城市绍兴来到大都市南京，眼花缭乱的都市生活并没有使他分心，对于学习，他仍然十分勤奋。那时，矿路学堂的教师上课，总要把自己的讲义整本地都写在黑板上，让学生抄录，其中还有插图。在全班二十多个学生中，鲁迅是年龄最小的一个，但由于抄书是他从小养成的习惯，所以，他是抄得最快最好的一个，插图他也绘得非常规范。有的同学由于在课堂上赶不及，下课后常请他代为补绘插图。现在绍兴鲁迅纪念馆还保存着鲁迅当年手抄的讲义。如《金石识别》，这是当时矿路学堂的主要课本之一，鲁迅抄有该课本的全本讲义，在讲义抄本的许多空白处，还记着鲁迅听讲时摘录的老师的讲解和自己对某些问题的理解心得。还有《几何》《开方》《八线》《开方提要》等四本数学讲义手抄本，字迹工整，用铅笔绘制的几何图形清楚干净，没有一点破损和污迹。另外，鲁迅还花了很长时间，抄写了英国著名地质学家莱伊尔的《地学浅说》中译本，并描摹了书中所有的地质构造图。

鲁迅平时思想集中，听课认真，所以考试时即使不复习功课，成绩也总能名列前茅，十之八九是第一，难得有一回降到第二。据当年矿路学堂同学张协和回忆："鲁迅在学堂时，年虽最幼，但已表现出他过人的聪慧和高贵的品质了。矿路学堂，顾名思义，应该是学有关矿物的学问了，的确在校三年中也学了这方面的课程，例如矿物学、地质学、化学、熔炼学、格致学、测算学及绘图学。但当时读的都是纸上谈兵，并且在讲堂上抄讲义，每天仅上下午各上两堂课，每堂约一小时半时间，讲解是很少的，只是抄书而已。而鲁迅在下课后从不复习课业，终日阅读小说（笔记小说、《西厢记》等），过目不忘，对《红楼梦》几能背诵。由于他聪慧过人，所以在考试时，总是他第一个交卷出场，而考的成绩又是名列前茅。"①

当时矿路学堂规定，每次考试都发奖章，国文每周考一次，其他课目每月考一次。获得第一名者，发三等银质奖章一枚。奖章可以调换，四个三等银质奖章可换一个二等银质奖章，四个二等银质奖章则可换一个三等金质奖章。在全班同学中，只有鲁迅一个人得到过这种金质奖章。但他并不十分看重这种荣誉，得到奖章后很快就变卖了，然后再去买书，有时也买点心，请大家吃一顿。另据张协和回忆说：

① 张协和《忆鲁迅在南京矿路学堂》。

“鲁迅的成绩虽优良，但从未表现骄傲自满和唯我独尊，相反的却异常谦虚和蔼，对友人能和睦相处，但对言行虚伪、巧言令色和自高自大的人则深恶痛疾，视之如敌。这一高贵品质贯穿了他的整个一生。”[①]

鲁迅到矿路学堂后，生活上也有所改善。在水师学堂时一年只有二两银子的津贴，前三个月试读期，只发五百文零用钱。在矿路学堂除供食宿外，另发春冬衣一套，陆师学生发军服，矿路学生发制服。每月的零用钱是：第一年银二两，第二年三两，第三年四两。住宿两人一间，鲁迅的同舍同学叫徐文铸，是扬州人。学校为每个宿舍供应两张大木架棕绷床，两个黑漆方凳，两张两斗桌，两个木书架。全体同学都一样，并无等级之分。

许广平说，鲁迅“在学生时代，最高兴回忆到的是十多岁在南京，大约那时学生和警察的制服相仿，而又都是吃的官饷罢，每逢他们走到外面，路见不平因而出来干涉的时候，警察总是站在学生这一面的。后来见到学生们请愿的时候，警察把学生当敌人一样看待，真使鲁迅感慨之至，这也是‘一代不如一代’罢”！许广平还说鲁迅在南京时，“最得意的是骑马，据说程度还不错，敢于和旗人子弟竞赛（清朝时旗人子弟是以善于骑射自豪的，对于汉人善骑马的不很

① 张协和《忆鲁迅在南京矿路学堂》。

满意）。有一回就因竞赛而吃旗人暗算（他们把腿搁到马颈上，很快地奔驰过来，用马鞍来迅速地刮别人的腿脚，有时甚至可以刮断的），几乎跌下马来”[①]。

鲁迅在南京的读书生活虽乐趣颇多，但也时有苦涩，这主要是经济拮据引起的。最初他从绍兴出发去南京时，母亲给他打点了八元川资，到南京之后，这钱很快就用完了。从水师学堂转入矿路学堂，正是冬天，鲁迅没有钱做御寒的衣服，只能以夹裤过冬，连那件走时带的棉袍也破旧得没有多少棉絮了。当砭人肌骨的寒威袭来时，没办法就开始吃辣椒取热。时间长了，吃辣椒竟成了他的饮食生活习惯，进而变为嗜好。这个嗜好虽然驱走了寒气，但却给他的胃留下了隐患，以致后来酿成久治不愈的胃病。

从南京回绍兴探亲，对鲁迅来说又是一种经济上的挑战，即使每年放假回一次，他也只能坐统舱，高等舱他连想都不去想，行李自己拿，船票自己买，从来不雇人代劳。不过，坐统舱也有些“学问”，统舱里的惯例是如有人先到，一条绳子，一件破衣，或者一根扁担，各占一个床位，后上船的人，如要占铺，就得出钱向这些先到并强占了床位的人买。但鲁迅却不向这些强横低头，他一般上船后，随便找个地方坐下，守住行李，有时还坐在行李上假装打盹，对强

---

① 许广平《关于鲁迅的生活》。

横者的要挟、恐吓毫不理睬。等船快开了，那些强横者没法子，只好拿着绳担和衣服，愤愤而去。这时就任凭他拣选最好的床位，打开铺盖卷，舒舒服服地休息起来。这大概是他最早采取“韧”的战略，同恶势力进行斗争的例证。可以想见，当他终于战胜了这些恶势力打开铺盖卷的时候，他那一向沉郁的脸上，定会泛起一丝会心的微笑。这应该说是他在苦涩中所寻找到的乐趣吧。

从《天演论》中读出新境界

在1898年的戊戌维新运动中，有一位身份颇为特殊的领袖人物，这就是以译介西方资产阶级社会政治学著作而著名的严复。严复，字又陵，少年时曾在福州船政学堂读书，1877年赴英国学习海军技术，1879年回国后任北洋水师学堂总教习、总办。甲午战争后，严复陆续在天津《直报》上发表了数篇时论文章，宣传变法维新。他认为，要救亡，就必须要学西方。所以，从1895年开始，他先后翻译了《天演论》《原富》《群学肄言》等西方资产阶级社会政治学名著，其中尤以译述英国生物学家赫胥黎的《天演论》最负盛名，该书宣传“物竞天择”“优胜劣败”“适者生存”的进化论观点，对当时的中国思想界起到了振聋发聩的作用。

1898年，《天演论》单行本正式出版，当新书到达南京时，鲁迅在星期日特地跑至城南，花了五百文钱买来。翻开一看，里边全是很好的文章，一口气读下去，“物竞天择”出来了，苏格拉底、柏拉图也出来了。当时鲁迅已有了胃病，饭前饭后，经常要发作。胃痛时，他就把桌子的抽屉拉出来顶住胃部，仍坚持读这本让他爱不释手的《天演论》。

鲁迅看《天演论》入了迷，这引起了叔祖周椒生的注意。周椒生因介绍鲁迅去南京读书，很让鲁迅母亲感激，每逢年假回家，鲁迅母亲总要预备一只炖鸡送去，感谢他的好意，也嘱托他关照鲁迅。在当时社会上和学校里新旧思想激烈对抗的形势下，周椒生是站在保守派阵营一边的，因此，他最怕鲁迅去搞革命，以致给自己招来祸端，经常用心提防着。当他知道鲁迅在看《天演论》一类的书时，觉得这很危险，便亲自找到鲁迅严肃地说：“康有为是想篡位，所以他的名字叫有为；有者，‘富有天下’，为者，‘贵为天子’也。非图谋不轨而何？”

康有为是戊戌维新运动的发动者和领导者，他和梁启超、谭嗣同、严复被公认为戊戌维新运动的四大领袖。周椒生对鲁迅说的这番话实际上是暗示鲁迅不要接触这类书，不要跟着这类人的思想跑。然而鲁迅对他的暗示并不理睬，照样每天看《天演论》一类的新学书籍。周椒生见他对鲁迅的谈话没起作用，就又拿了一份报纸给鲁迅看。并说：“你这孩子有点不对了，拿这篇文章去看去，抄下来去看去。”他的口气严肃得像发布命令一样。鲁迅接过报纸一看，原来报上刊登的是："臣许应骙跪奏……"

许应骙，广东番禺人，曾做过浙江巡抚，当时是清政府的大臣，是朝廷内有名的顽固派。周椒生给鲁迅拿来的报纸上所登的奏折，就是参康有为变法的。鲁迅当时虽然看了许应骙的奏折，但他却因此而对许应骙也产生了反感。直到晚年，鲁迅还记着许应骙，也记着叔祖周椒生拿许应骙的奏折来压制自己的事。一次，他问许广平："许应骙是你什么人？"许广平说是叔祖。鲁迅半开玩笑地说："哼！我从小就吃过你们许家的亏！"

《天演论》中"物竞天择""适者生存""优胜劣败"的进化论思想深深地打动了鲁迅，鲁迅由此认识到自然界中的一切生物，包括人类在内都是循着生存竞争、自然淘汰的规律发展着的。在社会的发展进程中，将来一定比现在好，青年一定比老年好；旧事物一定要走向灭亡，新事物一定会兴旺发达。变法维新是历史的要求，是社会发展的必然趋向。为了纪念他从《天演论》中获得的新思想，他很快给自己刻下了三枚图章：一枚是"文章误我"，一枚是"戛剑生"，还有一枚是"戎马书生"。意思是以前读古书做古文，耽误了自己的青春，现在要"嘎"的一声拔出剑来，参加战斗，获取新生，而且要投笔从戎，献身改革。

1900年农历正月，鲁迅从绍兴探亲返回南京后，写了

《别诸弟》三首七言诗，其中第三首写道：

从来一别又经年，
万里长风送客船。
我有一言应记取，
文章得失不由天。

意思是：这次离别又要经过一年时间才能重新相见，万里长风将我从绍兴吹送到南京。我有一句相赠的话，请你们记住，这就是学问的得失全不由天，而在于你自己的努力。这是现存鲁迅诗歌中最早的作品之一，也是青年鲁迅对几千年来束缚人们思想意识的封建天命论的怀疑和反叛，同时也可以说是鲁迅读《天演论》读出的全新思想境界。还在鲁迅幼年时，祖父周介孚就曾在给他和弟弟们列出的读古诗书单中说过："陆游诗，志高词壮，且多越事。"意思是要鲁迅诸弟兄好好读陆游的诗，但陆游却根据自己的诗歌创作经验说过"文章本天成"的话，而鲁迅则以"文章得失不由天"的诗句，忠告诸位弟弟不要受陆游"文章本天成"的影响，应该努力学习，接受新事物、新思想，树立起自己的自信心和进取心。

鲁迅在这首诗的最后署名是"戛剑生"。

1901年农历腊月二十三，鲁迅回家过春节，母亲让他去送灶神，他有感于旧风俗旧习惯的落后愚昧，作了一首题为《庚子送灶即事》的诗。诗云：

只鸡胶牙糖，
典衣供瓣香，
家中无长物，
岂独少黄羊！

“胶牙糖”是一种有黏性的糖，献给灶君意在胶住灶君的牙齿，使他回去给玉帝汇报时，不能向玉帝说坏话。整首诗的意思是老百姓为了祭神，只好当掉衣服来买祭品，黄羊本是祭灶的必需品，但很昂贵。现在老百姓连杀一只鸡、买一点胶牙糖都要当衣服了，哪里还能说他们在祭品中没有献上黄羊呢！实际上，这首诗是用讽刺的笔法，揭示了老百姓生活的悲苦境遇，也反映了鲁迅自己对送灶习俗的蔑视。这同样也体现着鲁迅的一种新的思想境界，一种反对封建迷信的民主思想。

自然科学的启蒙

在旧中国，自然科学知识是拿不到学生课堂上的。1898年以前，已经读了十多年书的鲁迅，对自然科学的概念仍然是陌生的。尽管他曾在四书五经、野史杂记、神话志怪等大量书籍中涉猎了一定的自然科学知识，但这毕竟是点滴的、模糊的、不成系统的。因此，当他刚刚到矿路学堂接触到初级的自然科学系统知识的时候，他便感到了无比的惊讶："我才知道世上还有所谓格致，算学，地理，历史，绘图和体操。生理学并不教，但我们却看到些木版的《全体新论》和《化学卫生论》之类了。"这些初级的自然科学课程，首先为鲁迅打开了一片知识的新视野。由于感觉新鲜，鲁迅对这些课程的学习，刻苦认真，一丝不苟，对每一门课程都做了详细的笔记，并分门别类，装订成册。

随着课程进程的不断深入，鲁迅又接触到了更为系统的地质学和矿物学知识，即当时习惯上说的“地学”和“金石学”。地质学课程采用英国著名地质学家莱伊尔的专著《地质学纲要》为教科书，汉译书名为《地学浅说》，由于学生买不到课本，鲁迅便一字不漏地手抄了这本书，连同书中的图解，也做了精确的描摹，后订成两大册。原件虽然流失，但1959年从许寿裳的藏书中却发现了其中的9页抄件，样子是用毛笔竖行写就，行书体字迹流利。金石学课程当时采用的教科书是江南制造局印行的《金石识别》一书，鲁迅当时买到了这个课本，在课堂听讲过程中，做了详细的眉批与行批，几乎页页都有。由此可见鲁迅对这两门课程的用心。

为了学好这两门课程，鲁迅还和同学们进行了有针对性的实践。1901年农历九月，矿路班同学在老师的带领下，自己拿着铺盖，来到丹阳与江宁之间的青龙山煤矿，实地考察，下矿洞挖煤，历时十二天。1929年鲁迅在致章廷谦信中说：“青龙山者，与江苏句容县相近，离南京约百里，前清开过煤矿，我做学生时，曾下这矿洞去学习的。”关于青龙山煤矿的开矿历史和鲁迅等下矿洞学习的过程，鲁迅在《琐记》一文中说，矿路学堂的开办，与两江总督看好青龙山煤矿的开采前景有关。然而，等到矿路学堂“开学时，煤矿那面却已将原先的技师辞退，换了一个不甚了然的人了。理由是：一、先前的技师薪水太贵；二、他们觉得开煤矿并不难。于是不到一年，就连煤在那里也不甚了然起来，终于是所得的煤，只能供烧那两架抽水机之用，就是抽了水掘煤，掘出煤来抽水，结一笔出入两清的账。……到第三年我们下矿洞去看的时候，情形实在颇凄凉，抽水机当然还在转动，矿洞里积水却有半尺深，上面也点滴而下，几个矿工便在这里面鬼一般工作着”。

这次实习从真正学习掘煤技术方面看，收获甚微，然而对于鲁迅来说，这不仅令他看到了中国最早的现代化产业工人“鬼一般”的苦难生活，更主要的是使他认识到了这种苦难的根源，在于封建官僚们对于现代化工业的“不甚了然”。这也或许正是他立志要搞清中国矿产资源详细情况的思想出发点。事隔两年，鲁迅便写出了他学术生涯中的第一篇科学论著《中国地质略论》。另外，这次实习回来的时候，鲁迅还亲自采集了一包矿石，当年陆师学堂见过这包矿石的同学还记得非常清楚，有铁矿石三块、铜矿石两块、煤一块。这也正是鲁迅采集自然界各种标本的开端。

南京读书期间，使鲁迅在自然科学研究领域受到启示的还有《天演论》。《天演论》的科学原理来自达尔文的生物进化论，而达尔文的生物进化论则被恩格斯誉为“19世纪自然科学领域的三大发现”之一。生物进化论带给鲁迅的是对动植物观察和研究的偏爱。当然，鲁迅对动植物观察的偏爱并不始于南京读书期间，早在幼年时期，鲁迅对本家叔祖玉田老人的一本《花镜》就曾无限神往过。尽管他当时对这本书的神往是偏重于它的绘画，但他画的却是花草植物。同时期，鲁迅抄录收藏的《毛诗草木鸟兽虫鱼疏》《广群芳谱》《竹谱》《野菜谱》《茶经》《五木经》等古籍，无疑是他对动植物偏爱的例证。不过，他这时的偏爱仅仅是感性的，即使是他已成为种植花木的小专家后，他对植物的观察研究也是单凭经验的。只有到了南京读书期间，他对动植物的观察研究才逐步上升到了理性的、科学的高度。比如他对动植物标本的采集就是从南京读书时期开始的，周建人回忆说他曾从学校带回过石榴化石标本和三叶虫化石标本。而最能代表他当时对花草植物研究水平的是一篇名为《莳花杂志》的文章：

晚香玉，本名土馝赢斯，出塞外，叶阔似吉祥草，花生穗间，每穗四五球，每球四五朵，色白，至夜尤香，形如喇叭，长寸余，瓣五六七不等，都中最盛。昔圣祖仁皇帝因其名俗，改赐今名。

里低母斯，苔类也，取其汁为水，可染蓝色纸，遇酸水则变为红，遇硷水又复为蓝。其色变换不定，西人每以之试验化学。

可以看出，鲁迅通过科学的观察和研究，对这两种花草的形态、性能、特点、用途描述之精确和概括之简练，与他在绍兴时对映山红的研究相比，又胜一筹。

1902年1月27日，经过整整三年的学习，鲁迅在矿路学堂毕业了，由清朝政府发给他的毕业文凭上写着：

> 计开学生周树人，现年十九岁，身中面白无须，浙江省绍兴府会稽县人。考得壹等第三名。矿学捌分陆厘；地质学捌分柒厘；化学捌分柒厘；镕篆学捌分陆厘；格致学捌分柒厘；测算学捌分柒厘；绘画学捌分伍厘。……右照给壹等学生周树人收执。[①]

凭着这张文凭，鲁迅要找一份工作并不困难，他的叔父周伯升与他同时在水师学堂毕业，成绩是同学中倒数的，也还找到了一份专业对口的职业，何况鲁迅的成绩是正数排头的呢！然而，当鲁迅拿到政府给他颁发的那张毕业文凭时，不禁有些“爽然若失”。他说：“爬了几次桅，不消说不配做半个水兵；听了几年讲，下了几回矿洞，就能掘出金银铜铁锡来么？实在连自己也茫无把握，没有做《工欲善其事必先利其器论》的那么容易。爬上天空二十丈和钻下地面二十丈，结果还是一无所能，学问是‘上穷碧落下黄泉，两处茫

① 周芾棠《鲁迅在南京矿路学堂》。

茫皆不见’了。”看来，让他感伤的倒不是找不到工作，而是刚刚在自然科学领域培养起来的搞研究做学问的热情，没有了着落。怎么办呢？鲁迅说：“所余的还只有一条路：到国外去。”继续读书，继续探索，继续他的研究工作。

还在矿路学堂毕业前夕，鲁迅就曾在一些书上看到过日本社会的飞速发展和日本国力的迅速强盛，他便把留学的目标选在了日本。正在这时，“满清官民，又要维新了，维新有老谱，照例是派官出洋去考察，和派学生出洋去留学”。于是留学的事，清朝政府的“官僚也许可了，决定派五名到日本去”。鲁迅便成了“被两江总督派赴日本的人们之中的一个”[①]，而这正偿了鲁迅父亲生前要送儿子到东洋留学的夙愿。

---

①鲁迅《且介亭杂文末编》。

留学日本弘文学院

去日本留学，是鲁迅生命历程中的一件大事，他的读书生涯将由此揭开新的一页，而这一页的开场白则是在弘文学院写成的。

鲁迅离开中国前夕，南京矿路学堂派定到日本去的五人中，有一个因祖母哭得死去活来，便不去了，跨洋东渡的只剩下了四个。这时一位姓胡的同学来欢送他们，并写了诗文，诗中说："旧域江山几破碎，劝君更展济时才。"他还称赞鲁迅是胸怀"英雄大志"的人，并相信"回天责任"就担在鲁迅这些留学人员身上。鲁迅知道，这是一种嘱托，也是一种鼓励，他自己本身也有这样的心愿。但出国前的迫切任务不是沉溺于将来，而是应该想想准备些什么。从一个早一年毕业曾游历过日本的同学那里得知："日本的袜是万不能穿的，要多带些中国袜。”这位有经验的同学还跟他们说：“纸票也不好，你们带去的钱不如都换了他们的现银。”四人听了都说“遵命”，鲁迅将自己的纸票都拿到上海兑换成一元的日本银圆，还买了十双中国袜。

1902年3月24日，鲁迅从南京出发，踏上了赴日本的征程。经过十一天的涉海生活，于4月4日到达日本横滨，接着又来到东京，住在麹町区平河町四丁目的三桥旅馆。因为是同陆师学堂的同学一起去的，刚到时，传说可能要进成城学校，但成城学校只有学军事的人才能入学，所以只好分成两批，矿路学堂的学生转到了弘文学院。

弘文学院是专门接收中国留学生的一所学校，创办于1902年1月，鲁迅进校时学校才成立刚满三个月。它的前身是亦乐书院。创办人嘉纳治五郎为了了解中国对留学生教育的要求，曾专门来中国考察，并和某些清朝官员交换过意见。

弘文学院建在东京牛込西五轩町，后来因为留学生人数增多，还在东京各区设立了好些分校。学院办学历时七年，到1909年结束，先后共接收中国留学生七千一百多人。这所学院虽然是专门接收中国留学生的，但它却不负责专门技术课程的传授，而是为中国留学生准备考进正式的专门学校而设立的。学院分设各种科目和类型的班级，其中比较正规的是“普通科”，学制为三年，讲授的主要内容是日本语和普通课目。此外，还设有各种速成科，如速成师范科、速成理化科、速成警务科、速成音乐科等。这些速成科的学习时间有的为一年，有的是八个月，有的甚至仅有六个月。

三年制普通科的课程安排是这样的：每年分三个学程；每周授课三十三小时；第一学年每周三十三小时里，日语课平均占二十小时，其余十几个小时是修身（即伦理）和体操课；第二学年日语课占十二小时；第三学年日语课仅占十小时。普通科的其他课程安排，除修身和体操为每周的必修课外，自然科学方面有理化学、动物学、植物学、理科指导等；数学方面有算术、几何学、三角学，其他还有史地（包括“世界大势”）、图画、英语（选修）。

鲁迅入的是二年制的普通速成科，该科的课程与三年制的普通科基本相似，不过因为时间较短，所学科目在数量和内容上稍有些压缩。当时，学院要向每个学生每月收费二十八元日金，除二十五元做学费外，另发还三元零用。学院在普通科里又分了许多班，鲁迅被编在江南班，他的生活非常简单，三元零用钱，只买些香烟和零食。香烟买不起高贵的“敷岛”牌，就抽日本老百姓普遍吸的廉价香烟——“樱花”牌。零食喜欢吃鸡蛋方糕和落花生，放在抽斗里随时取食充饥。但从中国带去的十双白布袜，因为常穿皮鞋就完全无用了。一元的银圆，日本早已废置不用，只好赔钱换了半元的银圆和纸币。

鲁迅的亲情观念颇重，到日本后两个月，他便给家里寄回一张照片，背面写着他置身异国，怀念故乡的题词：

会稽山下之平民，
日出国中之游子。
弘文学院之制服，
铃木真一之摄影。
二十余龄之青年，
四月中旬之吉日。
走五千余里之邮筒，
达星杓仲弟之英盼。

诗虽通俗易懂，但切切之情，也可力透“相”背。

当时弘文学院规定，留学生八人住一寝室，凡共住一寝室的，另备一间自修室，也供同寝室的八人使用。寝室在楼上，自修室在楼下，均不宽大，夏天寝室中，八人合用一顶日本式大蚊帐，以度炎暑。据鲁迅同学沈瓞民回忆：“那时，我和鲁迅等都是二十余岁的青年，终日聚在一间狭陋的自修室内，有时商量推敲文字，渴求新知；有时共抒雄图，志在光复；有时浊醪痛饮，高歌狂论。都算得风姿英发。”可以想见，当时学习生活之舒畅。

然而鲁迅在《在现代中国的孔夫子》一文中却谈到了

另一件事："政府就又以为外国的政治法律和学问技术颇有可取之处了。我的渴望到日本去留学，也就在那时候。达了目的，入学的地方，是嘉纳先生所设立的东京的弘文学院；在这里，三泽力太郎先生教我水是养气和轻气所合成，山内繁雄先生教我贝壳里的什么地方其名为'外套'。"但是有一天，"学监大久保先生集合起大家来，说：因为你们都是孔子之徒，今天到御茶之水的孔庙里去行礼罢！我大吃了一惊。现在还记得那时心里想，正因为绝望于孔夫子和他的之徒，所以到日本来的，然而又是拜么？一时觉得很奇怪。而且发生这样感觉的，我想决不止我一个人"。

是的，正是因为大部分留学生对学院的管理不满，后来竟引发了一场罢课斗争。不过，罢课斗争的直接导火索是改进课程设置事件。弘文学院之所以要在主学日语的同时，加设普通科目，主要是院长嘉纳治五郎是以替清朝"代兴教育为己任"，考虑到留学生大都是些只学过四书五经的秀才而设置的，这样，像鲁迅他们这些曾在新学堂上过学的学生同样学算术时要从加减乘除开始，而学英文则从A、B、C、D字母读起。于是有些人就提出要改革课程设置。

1903年3月25日，学监大久保会同教务干事和会计等人，召集学生部长开会，学生们以为课程将要改革了，结果却是告诉他们将公布十二条新规定。新规定中没有一条是改革课程的，内容都与"赚钱"有关，并说三日后就要实行，毫无商量余地。但同学们还是对十二条做了认真讨论，认为其中的三条应该修改。一是原定“除告退外无论临时告假归国及夏假中归国者，每月须纳金六元半”。同学们认为这是剥削，应改为“临时告假归国者如议，夏假中归国者不纳”。二是原规定“洗濯一月三次，每次一套。自备之物，宜由学生自理”。同学们认为应改为“洗濯一月四次，被单等亦宜洗”。第三是原规定“患病者，两周之内，医药金皆由学院支出，逾则学生自理”。同学们认为应改为“诊医以十四次为度，药费亦如之，逾则学生自理”。

讨论后学生部长去找会计，会计借口要问过院长，毫无听取之意。部长考虑到新规定将于三日内实行，提出第二天要听答复，结果直到次日晚仍无回音。学生提出如不答复，将于明日罢课。但等到又一个第二天，学校当局反而召集学生部长训话，对十二条规定“告以坚不可改”，甚至对学生的退学，也表示“决不强留”。学生立即召开特别会议，会上群情激愤，齐声“退学”。一面将此事报告中国留日学生总监督，一面商议退学方式。

当时，弘文学院全是中国留学生，中国留学生全体退学，意味着这个学校就得停办。院长看事态将扩大，遂派人到总监督处，表示将改进课程设置，以挽回局面。总监督传达了这个意思，学生讨论认为，如院长有改进课程之意，正可与院方约法三章。于是当即议成七条，回复总监督，由总监督转告院长。七条内容是：撤销教务干事与会计职务；学生有事可直接与院长协商；特开通学（走读）之例，以便自费学生；改革各科课程；弘文学院毕业生入专门学校不得有官费、自费和通学的区别；原订学校代备教课用书规则必须办到；原提出对十二条的修改意见必须实行。

对这七条意见，学生与院长经过几次谈判，终于迫使院长接受，但他却又提出要学生派代表承认错误“谢失”。学生认为无错误可承认，拒不“谢失”。院长无法，撤回了他最后的提议。于是，罢课以胜利告终。

鲁迅在这次罢课斗争中，以浙江同学会干事身份，参加了全过程。一年之后，他在弘文学院顺利毕业。1904年，学院给他颁发的毕业证书上写着：

证

大清国浙江省

周树人

从明治三十五年（即一九〇二年）四月至本月（明治三十七年即一九〇四年）四月，在本学院修习日语及普通速成科并毕业。特此证明。

明治三十七年四月三十日

大日本弘文学院院长嘉纳治五郎（印）

越人遗风（一）：课外苦读

鲁迅在弘文学院主修日语兼学普通科，由于普通科的许多课程他已学过，所以便有更多的时间来阅读其他书籍。据沈瓞民回忆说：“鲁迅在弘文学习日语，是比较紧张的。……他那时虽外文根底有限，但兴趣极高。平日顽强苦学，毅力惊人，每每工作到深夜才睡。他所以如此苦学，就因志在光复，时在谈话中流露出来。他认为‘改良’必败，誓做‘革命党之骁将’，这志向从不动摇。同学们笑着说：‘斯诚越人也，有卧薪尝胆之遗风。’”[①]由此看，鲁迅之所以被同学称誉有“越人遗风”，一是因他能“顽强苦学”，二是他有“志在光复”的信念。我们这里主要谈他的

---

①《回忆鲁迅早年在弘文学院的片断》。

顽强苦学。

鲁迅在弘文学院阅读新书，显然比国内方便多了。因为这里既有大量可读的书，而鲁迅也有阅读的条件——外语知识。早在南京时期，鲁迅就学过英语和德语。英语是在水师学堂学的，时间不长，功底不厚，但借助词典是可以进行阅读的，当时他就借过沈飚民的《英文典》；德语则在矿路学堂学过整整三年，一般性的阅读是可以完成的；现在又在学习日语。他购买了不少外语书籍，充分利用这些已经获得的外语知识来阅读。他那时比较喜欢读的是哲学和文学方面的书，如拜伦的诗、尼采的传、希腊神话、罗马神话等。对于中国书，一般是不看的，然而唯有屈原的《离骚》例外，在他的藏书中，就有一本日本印的线装本《离骚》。鲁迅不仅喜欢读《离骚》，而且还不自觉地将《离骚》中的用词移植到自己的诗文中，如他在1903年写的《自题小像》中有“寄意寒星荃不察”一句，其中“荃不察”一语就来自《离骚》。

这个时期，《天演论》仍是鲁迅所喜爱的读物。许寿裳回忆说：“有一天，我们谈到《天演论》，鲁迅有好几篇能够背诵，我呢，老实说，也有几篇能背的，于是二人忽然把第一篇《察变》背诵起来了——

赫胥黎独处一室之中，在英伦之南，背山而面野，

> 槛外诸境，历历如在几下。乃悬想二千年前，当罗马大将恺彻未到时，此间有何景物？计惟有天造草昧，人功未施，其藉征人境者，不过几处荒坟，散见坡陀起伏间；而灌木丛林，蒙茸山麓，未经删治如今日者，则无疑也……

后来到了仙台，他还在致许寿裳的信中提到夜读《天演论》的事。在当时的中国翻译界，与《天演论》的翻译者严复齐名的还有一人，那就是林纾。林纾不译社会政治书籍，专译欧美小说，译作达一百多种，而鲁迅对于林译小说，则是每本必读。

此外，反映国内政治动向、改革趋势的报纸杂志，也是鲁迅课外阅读的内容，如《清议报》《新民丛报》《新小说》《译书汇编》等。对于日本的报纸，他也天天看。有一天，日本报纸上登载了名叫本多的博士游历南洋和中国的事，这位博士不懂中国话和马来语，别人问他，你不懂人家的话，怎么行动呢？他轻蔑地拿起手杖说，这便是他们的话，他们都懂。看了这则报道，鲁迅觉得这是对中国人的极大侮辱，足足气愤了好几天。

然而气愤是无用的，因为甲午中日战争结束不久，气焰正盛的日本又与英国订立了“同盟条约”，一面积极参与西方列强瓜分中国的罪恶活动，一面正准备日俄战争。所以日本人对中国人普遍抱着歧视态度。比如中国留学生走在大街上，常常要遭到日本少年的辱骂，这种事情发生得多了，鲁迅便见怪不怪，反而认为“我们到日本来，不是来学虚伪的仪式的。这种辱骂，倒可以编在我们的民族歌曲里，鞭策我们发奋图强”[①]。可以说鲁迅后来形成的那种逆向思维和忧患意识，这时已可见一斑了。

不过，在中国留日学生中，也有一部分人对日本人的歧视和辱骂并不在乎，他们拿着官费，是专为“镀金”而去的，于是便上公园，逛舞厅，无所事事，优哉游哉。对于这些人，作为民族同胞的鲁迅，自己也要报之以歧视了。他曾这样描绘道：

> 上野的樱花烂熳的时节，望去确也像绯红的轻云，但花下也缺不了成群结队的“清国留学生”的速成班，头顶上盘着大辫子，顶得学生制帽的顶上高高耸起，形成一座富士山。也有解散辫子，盘得平的，除下帽来，油光可鉴，宛如小姑娘的发髻一般，还要将脖子扭几扭。实在标致极了。

这段文字后来是写在《藤野先生》一文中的，但据沈

① 历绥之《五十年前的学友——鲁迅先生》。

飏民回忆，当时鲁迅就曾这样描述过，同学们尤其读到“形成富士山”一语，简直忍不住喷饭。其中有一位同学为人风趣，就因此给鲁迅起了个“富士山”的诨名。本来鲁迅的“富士山”一语是讽刺那些不学无术的留学生的，但日本的富士山又是一座火山，这正可以象征鲁迅个性中的越人遗风，所以“富士山”的诨名，就这样传叫开了。

留学生中还有的人竟堕落到每天什么都不干，租了房子关起门来炖牛肉吃。等到毕业时，花钱买张文凭了事。对此，鲁迅直到后来写《杂论管闲事·做学问·灰色等》一文时，还愤愤地说：“那时我想：炖牛肉吃，在中国就可以，何必路远迢迢，跑到外国来呢？”

由于鲁迅勤奋好学，而周围的人又无所事事，所以他便往往有孤寂之感。在同学中与鲁迅颇有同感的许寿裳，在刚刚接编《浙江潮》杂志后，便向他拉稿。他一口答应，只隔了一天，就送去一篇小说《斯巴达之魂》。许寿裳感动地说：“诺言之迅和撰文之速，真使我佩服。”这篇小说写的是古代波斯国王进攻希腊时，斯巴达勇士三百人坚守温泉门，与敌数万人苦战，全部战死，只有一个因患目疾没有参加战斗的人免死归来，但这个武士回家后，却受到妻子的斥责，认为他辱国辱家的故事。作品借斯巴达勇上抗击外来侵略者的可歌可泣的事迹，来激发祖国人民的爱国主义感情和尚武精神。整篇文章写得慷慨激昂，有声有色。对为抗击外来侵略而战死的勇士，作者鲁迅表示了极大敬意。编辑者许寿裳说："文中叙将士死战的勇敢，少妇斥责生还者的严厉，使千载以下的读者如见其人。"而当同学们看了作品后，对文中"披发大叫，抱书独行，无泪可挥，大风灭烛"以及"世有不甘自下于巾帼之男子乎？必有掷笔而起者矣"这两段描写则拍案称妙，感慨不已！其实，可歌可泣，让人拍案称奇叫绝的斯巴达之魂，正可与作者鲁迅身上的越人遗风互相映衬。

许寿裳，浙江人，与鲁迅在弘文学院相识，后来成为鲁迅一生的挚友。在弘文学院时，他们俩经常聚谈，鲁迅对他"常常谈到三个相联的问题：一、怎样才是理想的人性？二、中国国民性中最缺乏的是什么？三、它的病根何在？"根据自己通过自然科学的启蒙而觉醒起来的经验，鲁迅当时把解决国民性问题的着眼点放在了科学上。于是，继《斯巴达之魂》发表之后，他又很快写了介绍刚被居里夫人发现的新化学元素——镭的文章《说铂》。同时，他又捡起了在南京矿路学堂曾经做过的学问，即中国地质矿产研究，迅速写成《中国地质略论》一文，一面揭露帝国主义掠夺中国矿产的罪行，一面提出强烈抗议："中国者，中国人之中国。可容外族之研究，不容外族之探险；可容外族之赞叹，不容外族之觊觎者也。"此后，鲁迅在这篇文章的基础上，又写成了《中国矿产志》一书，"罗列全国之所在，注之以图，陈之以说，使我国民深悉国产之所自有，以为后日开采之计，致富之源，强国之本，不致家藏货宝为他人所攘夺，用心至深，积虑之切，……深有感于祖国也”。

在撰述的同时，鲁迅又试着搞起了翻译。撰文是为了激励国人的爱国主义感情和科学研究、科学探索精神，翻译则是为了在学好外语的基础上，普及科学知识，以通俗的科学思想，从精神上拯救被封建主义思想奴役了几千年的麻木不仁的中国国民。1903年，鲁迅首先从日译本译述了法国作家儒勒·凡尔纳的两部科学幻想小说——《月界旅行》与《地底旅行》，两本均以章回体小说形式出版。据鲁迅自己说：“我那时初学日文，文法并未了然，就急于看书，看书并不很懂，就急于翻译。”[①]而据鲁迅的同学说：“鲁迅译作，随阅随译，速度惊人。开始译笔，颇受严几道的影响。但后来一变而清新雄健，在当时译书界已独树一帜了。”[②]这让我们想起鲁迅小时候的抄书工作。“随阅随译，速度惊人”，这实际上是鲁迅用汉文来抄写外文著作的一种读书方法，与他幼时的抄写方法一样，意义也一样。把读书变成抄书，把抄书看成读书，这大概是只有具有越人遗风的鲁迅才可为、能为并乐于为之的事情。

---

①《集外集·序言》。
②沈瓞民《回忆鲁迅早年在弘文学院的片断》。

越人遗风（二）：志在光复

前面谈到，鲁迅在弘文学院时之所以苦读，其目的是“志在光复”，因此，这“光复”也便成了鲁迅读书生活的必要组成。

所谓“光复”，意思是推翻异族统治——即清朝政府的封建专制统治，恢复各民族的自主权。光复，不是所谓的改良、改革，而是革命。

1902年春，章太炎先生避难东京，和已在东京的孙中山先生会见，“英杰定交，同谋革命，同时发起‘中夏亡国二百四十二年纪念会’以励光复，并且撰书告留学生，极为沉痛。有云：‘……愿吾滇人无忘李定国，愿吾闽人无忘郑成功，愿吾越人无忘张煌言，愿吾桂人无忘瞿式耜，愿吾楚人无忘何腾蛟，愿吾辽人无忘李成梁！……’”[1]此时，鲁迅已入弘文学院，自然受到了影响，于是，便一有余暇，就“赴会馆，跑书店，往集会，听讲演”，与浙江革命机关暗中接触。同时，将读书与革命联系起来，对革命宣传，全力以赴。那时，东京还有一所成城学校，是中国留学生到日本学习陆军的预备学校。由于清政府对这所学校控制很严，所以里面少革命派而多保皇派。鲁迅对这所学校里的学生十分反感，曾写过一首打油式的宝塔诗加以讽刺：

兵
成城
大将军
威风凛凛
处处有精神
挺胸肚开步行
说什么自由平等
哨官营官是我本分

为了表示对革命的坚定信念，鲁迅冒着杀头坐班房的危险，于1903年2月，剪掉了自己的辫了。鲁迅剪辫在江南班

① 许寿裳《亡友鲁迅印象记》。

中是第一人，因此，在同学中间引起强烈震动。这天，鲁迅剪掉辫子后，来到毗邻的浙江班自修室，脸上露着喜悦的神情，许寿裳一看，惊讶地说："啊，壁垒一新！"鲁迅本能地摸了一下自己的头顶，相对一笑。后来鲁迅在《因太炎先生而想起的二三事》一文中说："每当惊喜或感动的时候，我也已经用了一世纪的四分之一。"因为"犹言'辫子究竟剪去了'，原是胜利的表示"。

鲁迅剪掉辫子后，有几位头发盘在头顶上的同学很看不惯鲁迅的做法，江南班的监督也注意起鲁迅来。但未过几天，这位监督自己的辫子也被别人剪去了，而且是被强行剪去的。冲进他寓所去剪辫的人里面，有一个是后来写了《革命军》一书的邹容。他们先批他的嘴巴，后用快剪刀剪去了他的辫子，挂在留学生会馆里示众。后来这位监督逃回国内去了。围绕剪辫引起的斗争，是以革命派的胜利而告终的。

1903年4月，鲁迅托一个同学给绍兴的家中捎回去一只箱子。箱子里装着不用的衣服和看过的书籍，如八册《清议报》、两册《新民丛报》、一册《新小说》杂志及《译书汇编》和《朝鲜名家小说集》等，此外，鲁迅还在箱子里特地捎回去一张自己剪去辫子后的断发照。书籍、报纸、杂志的内容大多是宣传维新革命的，他是想让在家的弟弟们也接触一些新思想；而照片则是要告诉家里：自己已剪去辫子，将决心投身革命。不久，鲁迅又将自己的断发照赠送给学友许寿裳，在相片背后还题了这样一首小诗：

灵台无计逃神矢，
风雨如磐暗故园。
寄意寒星荃不察，
我以我血荐轩辕。

这首诗表现了鲁迅虽然在留学，但内心却无法逃避对处在风雨飘摇中的祖国的关心。尽管祖国人民一时还觉察不到自己的一片赤诚，但他仍要把自己的热血和生命献给祖国的解放事业。全诗表达了青年鲁迅希望革命高潮迅速到来的爱国主义激情和自己立志为国捐躯的宏伟志愿。这也正是越人遗风的另一种风范。

鲁迅希望革命高潮迅速到来，其实就在鲁迅写这首诗的时候，革命高潮已悄然到来。1903年初，法国政府支持广西军阀镇压农民暴动，接着沙俄帝国拒绝按约从我国东北撤兵，欲长期霸占我国东北领土，引起国内人民反帝爱国斗争热潮的高涨。消息传到日本，留日学生当即召开大会，准备组织拒俄义勇队，到会五百余人当场签名参加义勇队者即有二百人。但清政府认为这是“名为拒俄，实则革命”，要求各地“严密查拿”，“随时获到，就地正法”。留学生们爱国无门，部分激进者遂组织“军国民教育会”，明确提出了革命主张。

拒俄运动声势在日本消散后，许多留日学生纷纷回国，准备到国内发动革命，邹容便在这时回国，写下了大声疾呼革命的《革命军》一书，章太炎先生亲自给作了序言。《革命军》一书在进步人士中引起强烈反响，鲁迅也读到了这本书，认为当时主张革命的思想观点很多，但说得千言万语，抵不过这一本浅显易懂的小册子。

1903年10月，日俄战争爆发在即，形势骤然紧张起来，在东京的部分“浙学会”（浙江籍学生组织）会员，聚在《浙江潮》编辑王嘉袆的寓所，商讨趁日俄战争之机，另组秘密团体，到国内发动武装起义的问题。其时，很多浙江革命志士都在东京，如陶成章、龚味荪等，大家认为时机成熟，于是便分头发出邀请。鲁迅后来说：“时当清的末年，在一部分中国青年的心中，革命思潮正盛，凡有叫喊复仇和反抗的，便容易惹起感应。”所以，当许寿裳、沈瓞民邀请鲁迅参加的时候，鲁迅毫不犹豫，欣然应允。

“浙学会”原设在杭州，以杭州求是书院学生为骨干，鼓吹革命。但不久就遭到清政府的通缉，于是改名为“哲学会”做掩护，继续进行革命活动。当时在东京的浙学会会员有许寿裳等十余人。这次商议另组秘密团体还没有提出“光复会”这一名称，但实际上就是组织光复会的最初酝酿。

同年11月初，又进行第二次集会，鲁迅是这次集会的参加者，会上决定派一部分人回国做革命的发动工作。陶成章等人去浙江安徽，龚味荪去上海，沈瓞民去湖南。接着日本和沙俄为争夺我国东北领土的日俄战争爆发了，回国人员快要动身的时候，鲁迅和陈师曾两人邀请沈瓞民到公园吃点心，交流对日俄战争的看法。当时国内人士普遍痛恨沙俄，而对日本还有所保留。鲁迅对日本人的侵略野心早有所觉，认为蔡元培在上海办的《俄事警闻》，虽对沙俄已有警惕，但对日本的侵略野心揭露不力，于是他便提了三点意见，请沈瓞民带给蔡元培。意见大意是：

一、文章持论不可忽视日本的侵略野心。

二、不可以“同文同种”口是心非的论调欺骗国人。

三、要劝国人对国际时事认真研究。

另外，他还指出沙俄和日本帝国主义同是中国人民的敌人。沈瓞民回国后将鲁迅的信交给了蔡元培，后来《俄事警闻》采纳了鲁迅的意见，发表文章的内容也有所改变。而鲁迅则和回国发动革命运动的人一直保持着联系。

1904年10月，派往上海的龚味荪与中国教育会首领蔡元培以及著名革命人士章太炎先生取得联系，根据在东京的酝酿，提议联合中国教育会、军国民教育会等革命组织，成立统一的革命团体。这样，以进步知识分子和会党势力为骨干的光复会在上海正式成立。蔡元培任会长，反清革命目标更加明确。鲁迅不但参与了最初在东京的酝酿，在光复会正式成立后，他又正式加入了光复会。光复会的誓言是：

光复汉族，还我山河。

以身许国，功成身退。

后来，光复会曾多次发动武装起义。鲁迅虽在日本，但一直在关注并支持着光复会的革命义举。

入读仙台医专

1904年鲁迅从弘文学院毕业后，转入仙台医学专门学校，从事医学科学的学习，开始了仙台医专的读书生活。根据当时日本对留学生的规定，凡是在中等专业学校毕业的学生，只能进高等专门学校学习一门技术。而鲁迅为什么要学医呢？他在《呐喊·自序》中说："因为这些幼稚的知识[①]，后来便使我的学籍列在日本一个乡间的医学专门学校里了。我的梦很美满，预备卒业回来，救治像我父亲似的被误的病人的疾苦，战争时候便去当军医，一面又促进了国人对于维新的信仰。"而根据许寿裳的说法，鲁迅学医还有另外一个原因，即"救济中国女子的小脚，要想解放那些所谓

① 这时他已"确知日本明治维新是大半发端于西医的事实"。

‘三寸金莲’，使恢复到天足的模样”。

本来在靠近东京且比较繁华的千叶和金泽等地，也都设立有医学专门学校，但鲁迅并没有去这些地方，而是选择了远在日本东北地区的仙台医专。这原因主要是他在东京的两年里已经看厌了那些“富士山”，不愿意和他们为伍。只有仙台医专路远天冷，还没有留学生跑去那里上学。

1904年6月，鲁迅向时任仙台医学专门学校校长的山形仲艺博士递交了入学申请书，得了批准，但由于仙台医专的新学年是从10月开始的，所以他又等到9月才来到仙台。

仙台是日本东北部宫城县的第一大城市，蜿蜒的广濑河穿过市街，流入太平洋。市区西面是绿荫覆盖的青叶山，风景很好。相对来说，这座只有九万三千人的城市，并不繁华，冬天天气也特别冷。不过这正是鲁迅看中它的原因。在鲁迅来仙台之前，这座拥有两所大学的小城市内，还没有一个留学生。

仙台医专是在废止了第二高等学校医学部之后建立起来的，校址设在仙台市片平町，学制为四年，除本科外，还设有药学科。学期划分从10月1日到第二年2月为上学期，从2月11日到9月10日为下学期。日本文部省规定：“凡在文部省直属学校学习的外国人，不按一般学校章程规定学习新设课程，愿学一科或数科者，须有外务省驻外使馆或外国驻日使馆之介绍，可特殊批准之。”“被允许入学的外国人，可免收入学考试费、入学费以及学费。”鲁迅学的是医学科，学校教务科认为他的条件符合文部省《外国人特别入学章程》的规定，所以允许他不通过考试直接入学，并且免除医学科每年应交纳的三十元学费。来仙台后，一般职员也对鲁迅表示了欢迎和友好，特别在食宿方面给了他许多关照。这些优待鲁迅在东京的时候是没有遇到过的，因而颇感满意。他到仙台一个月后，在给一位同乡的信中说：“同校相处尚善，校内待遇不劣不优。惟往纳学费，则拒不受。”校方不收学费，鲁迅便用这钱买了一块怀表，以便掌握时间。

尽管有些职员对他的住宿表示过关怀，但让他不大满意的还是住宿问题。他在给蒋抑卮的信中说：“此地颇冷，晌午较温。其风景尚佳，而下宿则大劣。”鲁迅在仙台，最初住在仙台宫城监狱旁边一家给囚犯包饭的客店里。具体地址是仙台市片平町五十二番地，店主叫左藤喜东治。鲁迅住在客店的二楼，房间有十叠大（叠是日本人铺在房间里的草垫，一叠长6尺，宽3尺）。客店所处的地方，俗称“马背”，在仙台是比较寒冷的地方，不但“人哗于前，日射于后”，而且初冬天气已经很冷了，蚊子却还很多。为了防御蚊子的袭击，晚上睡觉时，鲁迅便用被子盖住全身，用衣服包裹了头脸，只留两个鼻孔出气。“在这呼吸不息的地方，蚊子竟无从插嘴，居然睡安稳了。”不过，客店的饭食还不坏。但一位先生却认为，住在这个包办囚犯饭食的客店里是不相宜的，而且几次三番地劝鲁迅搬地方。鲁迅虽觉得客店兼办囚犯的饭食，与自己并不相干，但好意难却，还是在十个月以后，搬了地方。新搬的地方是离监狱较远的土樋町一户姓松本的人家。这里条件更差，鲁迅住的房间光线很暗，而且每天要喝难以下咽的芋梗汤。当然，对出国求学的鲁迅来说，“此亦非乐乡”，“不过距校较近，少免奔波”，这点还是可取的。

仙台医专医学科一年级的课程设置，共为八门：解剖学、组织学、生理学、伦理学、德国学（德语）、物理学、化学和体育。功课不但多，而且教学进度快，要求学生“只求记忆，不须思索”。授课时间每天“以七时始，午后二时始竣”。入学不久，鲁迅就感到这个学校的大量功课，实在负担太重，简直是非把学生压得透不过气来不可。鲁迅在晚上喜欢看看政治、哲学、文学方面的书籍，尤为喜欢德国籍犹太血统诗人海涅的诗，并曾想翻译海涅的诗集，所以他每天晚上都睡得很迟。后因对德语文法不熟，而且功课太重，未能如愿。那时最让他感到头疼的是组织学、解剖学两门课，名词多，还夹杂着许多拉丁语和德语，“日必暗记”，鲁迅说，这使他“脑力顿疲”，担心“四年而后，恐如木偶人矣”。对“只能修死学问，不能旁及”的仙台医专读书生活，鲁迅痛心地写道：“恨事！恨事！”

然而，第一学年终于完了，鲁迅的各科考试成绩是解剖59.3分，组织72.7分，生理63.3分，伦理83分。德语、物理、化学均为60分。在年级的142人中，他是第68名，平均分数为65.5分，60分及格，自然升入了二年级。

假期，鲁迅准备去东京玩一个夏天，以解除一学年来修死学问的疲劳。从仙台去东京的路上，有明末老死异国的朱舜水的遗迹。朱舜水一生致力于反清复明斗争，百折不挠，后被迫流落日本，仍继续斗争，“自誓非中国恢复不归”。当时在日本，还出版过他的文集《朱舜水遗书》，在留学生所办的报刊上，也曾发表过纪念他的文章。为了瞻仰这位反清志士的遗迹，鲁迅便在半路上的水户车站下车了。下车后，鲁迅去找旅馆，店主看他是日本学生，便领他到一间普通房间。旅馆里是要填履历的，鲁迅写道：“周树人……支那。”那时日本人称中国人为清国人，但具有反清思想的留学生，都不愿自称清国人，但又不便称中国人，因为日本有个叫“山阳”的地方，有时也称中国，所以鲁迅写作“支那”。哪知道这样一来，店主和主妇都大为忙碌，以为慢待了这位贵客，赶紧来谢罪，并请鲁迅住到大房里去。其实，鲁迅当时心里并不愿更换，但店主的盛意和殷勤，又不好意思坚辞，也就同他们去。那是一间陈设很讲究的房子，寝具都是绸的，而且是新制的，非常华贵。晚上，鲁迅已经睡了，忽听外面有声音，报告邻居失火。鲁迅急忙穿衣走出，店主不仅没有让他交房费，还把他领到另一家旅店去。由于有这样友好的日本朋友帮助，鲁迅终于寻访到了朱舜水的遗迹。

度完假，鲁迅从东京回仙台去，买了火车票，付了人力车资，兜内只剩下银币两角和铜板两枚。因为火车一夜就到，而他的学费公使馆已直寄仙台医专留交，于是便大胆地买了两角钱的香烟抽起来。不料车到一站，许多乘客一拥而上，车中已无座位。鲁迅看见一个老妇人上来，毫不犹豫地让了座。这位老妇人很感激，谢了又谢，并与鲁迅攀谈起来，还送给他一大包咸煎饼。鲁迅大吃一通，不觉有点口渴。又到一站，便无意识地叫了一声茶客，但立刻记起袋里已经没钱了，只好对茶客支吾一声了事。这事被老妇人看见，以为是赶不及买，所以到下一站，她急忙代为唤茶，鲁迅只好推说现在不要了。于是老妇人买了一壶送给鲁迅，鲁迅也就毫不客气，一饮而尽。

这些日本人的友好，鲁迅是不会忘记的。然而，更让他感激、敬佩以至永生忆念的是仙台医专的藤野先生。

师从藤野先生

藤野先生，名严九郎，1874年出生在福井县的一个医生家里，毕业于名古屋爱知医学专门学校，后随东京帝国大学医科教授、解剖学家大泽岳太郎学习研究解剖学。1901年由大泽教授推荐，藤野严九郎开始在刚刚成立的仙台医专任教授，讲授解剖学、解剖实习和局部解剖学等课程。正如他的名字“严”所表示的那样，他在教学中也以严格著称，特别表现在考试过程中，一年级的留级生大部分是因解剖学不及格所致。即使像鲁迅这样他所特别关照的学生，他在打分上也是分厘必究，只给了59.3分。

鲁迅第一次见到藤野先生是在课堂上。鲁迅在《藤野先生》一文中这样写道：“其时进来的是一个黑瘦的先生，八字须，戴着眼镜，挟着一叠大大小小的书。一将书放在讲台上，便用了缓慢而很有顿挫的声调，向学生介绍自己道：‘我就是叫作藤野严九郎的……。’后面有几个人笑起来了。他接着便讲述解剖学在日本发达的历史，那些大大小小的书，便是从最初到现今关于这一门学问的著作。”鲁迅发现，在藤野先生拿到讲桌上的著作中，还有几本是线装的，也有翻刻中国译本的。他想，原来日本对新医学的翻译和研究，并不比中国早。

课后，在课堂发笑的那些学生便讲开了藤野先生的掌故，如他穿衣服马虎，不讲究，有时连领结都不戴；冬天经常穿一件旧外套，以致于上了火车后，管车的人疑心他是扒手，提醒车里的客人小心；等等。鲁迅通过观察，发现同学们说的都是事实，因为在一次课堂上他就亲眼看见藤野先生没有戴领结。

据藤野先生说：“我年幼时在毕业于福井藩校的野坂先生那里学过汉学，所以有一种在尊敬中国圣贤的同时，也应当爱护那个国家的人们的心情。”而这种心情第一个就兑现在鲁迅身上。开学一个星期后的周末，他让自己的助手来叫鲁迅。鲁迅来到他的研究室，见他坐在人骨和许多单独的骨头中间。据说他那时正在研究头骨，后来有一篇论文在本校的杂志上发表。

他问鲁迅：“我的讲义，你能抄下来么？”

鲁迅回答说：“可以抄一点。”

他说："拿来我看！"

鲁迅交出自己的讲义，他收下了。两三天后，他将鲁迅的讲义还给鲁迅，并且对鲁迅说以后每星期让他检查一回。鲁迅将自己的讲义打开一看，很吃一惊，并且同时产生了一种不安和感激。原来鲁迅的讲义已经从头到末，都用红笔添改过了，不但许多脱漏的地方，都已增补起来，甚至连文法的错误，也都一一订正了。这样一直到讲完他所担任的功课：骨学、血管学、神经学。

据藤野先生回忆说："我从爱知医专转到仙台医学专门学校……周树人君作为第一个从中国来的留学生入学了，……混合在三十多名降级生和一百多名新生中间，孤单一人听讲课。

"周君身材不高，圆脸、很聪明的样子。他当时气色看来也不像很健康。……他在教室里虽然认真记笔记，但从入学以来的情况看来，还不能自由讲日语，听课似乎也不能理解，学习上是相当困难的。

"所以课后我经常留下来给周君检查笔记，把他听错和写错的地方加以订正或补充。

"在异邦，这要是在东京还有许多同胞和留学生在身边，而在仙台，……只有周君一个人，所以我想他一定是很寂寞的，但实际上也看不出特别寂寞的样子，听课时是非常努力的。”[①]

据鲁迅回忆说：“有一回藤野先生将我叫到他的研究室里去，翻出我那讲义上的一个图来，是下臂的血管，指着，向我和蔼的说道：‘你看，你将这条血管移了一点位置了。——自然，这样一移，的确比较的好看些，然而解剖图不是美术，实物是那么样的，我们没法改换它。现在我给你改好了，以后你要全照着黑板上那样的画。’”

第二学年开始，藤野先生担任的课程是解剖实习和局部解剖学。刚开始实习，是要亲自动手做解剖的。鲁迅看了别人做的解剖后，很有些不安之感，甚至心中“殊作恶，形状历久犹灼然陈于目前”，可回去吃饭，胃口倒还和平常一样。这便使他树立起了自信心，以后也大胆地开始亲自解剖了。但对于青年女子和婴孩的尸体，常产生一种不忍破坏的情绪，非特别鼓起勇气，不敢下刀。在解剖中，鲁迅看到胎儿在母体内是如何的巧妙，矿工被煤烟熏过的肺是怎样的墨黑，两亲花柳病贻害于小儿的又是如何的残酷，等等。

中国妇女的缠足，是封建统治者从肉体上摧残女性的野蛮手段，鲁迅当初立志学医的重要原因之一，就是想解救已经缠了足的中国妇女的痛苦，但在做人体解剖的过程中，他发现大凡缠过的足，筋骨已经缠折而变成畸形，再也无法恢

---

①《谨忆周树人君》。

复到原状了。这样由热望而苦心研究，终至于断念绝望，使他对缠足女子的同情尤胜于常人，所以在他后来的著作中每每写到小脚，“都是字中含泪的”。

解剖实习一个星期后，藤野先生又把鲁迅叫去，很高兴地仍用了极有抑扬的声调对鲁迅说：“我因为听说中国人是很敬重鬼的，所以很担心，怕你不肯解剖尸体。现在总算放心了，没有这回事。”

藤野先生这种循循善诱的教诲，使鲁迅十分感激，然而鲁迅却因其他的事情不愿意学医了。在即将离开仙台的前几天，藤野先生把鲁迅叫到他的家里去，交给鲁迅一张照片，后面写着“惜别”两个字。还说希望鲁迅也送他一张自己的照片，可鲁迅恰好当时身边没有照片，他便叮嘱鲁迅以后照了寄给他一张，还希望鲁迅能经常写信告诉他此后的状况。而鲁迅则因后来多年没有照相，并因“状况也无聊”（鲁迅语），而未给他寄照，也未给他写信，终于失去了联系。

但是，鲁迅说：“不知怎地，我总还时时记起他，在我所认为我师的之中，他是最使我感激，给我鼓励的一个。有时我常常想：他的对于我的热心的希望，不倦的教诲，小而言之，是为中国，就是希望中国有新的医学；大而言之，是为学术，就是希望新的医学传到中国去。他的性格，在我的眼里和心里是伟大的，虽然他的姓名并不为许多人所知道。”

鲁迅还说：“他所改正的讲义，我曾经订成三厚本，收藏着的，将作为永久的纪念。不幸七年前迁居的时候，中途毁坏了一口书箱，失去半箱书，恰巧这讲义也遗失在内了。……只有他的照相至今还挂在我北京寓居的东墙上，书桌对面。每当夜间疲倦，正想偷懒时，仰面在灯光中瞥见他黑瘦的面貌，似乎正要说出抑扬顿挫的话来，便使我忽又良心发现，而且增加勇气了……”

而藤野先生直到鲁迅逝世后，才知道当年自己的学生周树人，已经出息成了鲁迅——伟大的文学家。他也激动地说：“从我的学生中飞出了这样的伟人也真令人高兴啊！”他还说：“周君对我所做的一点点照顾特别感激在心，为此还把我作为恩师写在文章里，向朋友们谈。”“如果知道他在生前很想知道我的消息，我若给他去信该会使他多么高兴啊！如今已经没有什么办法了，真遗憾。”

1945年，藤野先生去世了，但他已不再是“不为许多人知道”的人了，而因了鲁迅的敬仰也成了广大的日本人民和中国人民所敬仰的人。1964年在仙台市树起了一座巨大的“藤野严九郎碑”，碑文中写道：“经有志者共同议定，取上海市鲁迅纪念馆所藏藤野先生小照背面之文字，与仙台市医学专门学校时代先生之小照同镌于此，建立惜别之碑，以纪念两位先生不可泯灭之缘。”

弃医从文

鲁迅终于没有学医，而是搞文学了，并且成了享誉世界的伟大的文学家。这弃医从文的契机，则是在仙台医专的一堂细菌课上促成的。

结束了第一年的学习生活，鲁迅以平均65分的学业成绩，顺利升入二年级，开始了仙台医专第二学年的学习生活。从第二学年开始，学校对医学科的学生新增加了细菌学课程。细菌学是仙台医专卫生学的一部分，学校没有专门搞细菌学的教授，于是便让中川教授来讲授这门课程。中川教授是一位在美国获得医学博士学位，又在德国大学学习过的新兴学者。他不仅热心于教学，而且还是当时颇为先进的教学方式——直观教学的先行者。他主张采用百闻不如一见的教学方法，讲解时使用幻灯机放映幻灯片来辅助教学。

当时日本文部省对试验直观教学工作不拨经费，所以中川博士在幻灯机上安装了用自费订购的德国造的精巧片子，把细菌的形态和其他实际形态演示给学生看。据说这种方法还不是中川博士的独创，他还请教过住在仙台的另一位著名教授藤丰沼治郎博士。在讲课剩下的时间里，中川教授便放映一些时事片和风景片来消磨时光。鲁迅上仙台医专二年级的时候，是1905年，这时正是日俄战争时期，于是课堂上关于战争事态的片子也便多了起来。鲁迅说："我在这一个讲堂中，便须常常随喜我那同学们的拍手和喝彩。"因为每放一片，到关键时刻，那些日本学生便要狂呼一阵，鲁迅也就自觉不自觉地跟着他们拍手。可是有一回，鲁迅突然在放映的片子上看见了很久不见的同胞——中国人，一个被绑在中间，还有许多人站在左右，一样有着强壮的体格，但面部神情却是麻木的。据解说，被绑在中间的是替俄国做了军事上的侦探，正要被日军砍下头颅来示众，而围在左右的则是来赏鉴这示众盛举的人们。这时，讲堂里突然又拍掌欢呼起来，许多人不约而同地高喊"万岁！"这次鲁迅并没有随同其他人一块拍掌欢呼，而是听到"万岁"的喊声却感到特别刺耳。鲁迅在《藤野先生》一文中说："此后回到中国来，我看见那些闲看枪毙犯人的人们，他们也何尝不酒醉似的喝彩，——呜呼，无法可想！但在那时那地，我的意见却变化了。"

后来，一位采访过仙台医专细菌课教学的作家半泽正二郎说：“每次读到此处，当时情景总是浮现在我的眼前：当时在那刚建造的阶梯教室中段，一位富有感情的外国人，一面从内心里涌出泪水，一面在那暗室式建筑物的黑屋，为自己国家人民的遭遇而感到不幸。”半泽正二郎还说，他后来到东北大学医学院（前身即为仙台医专）细菌学教授石田名香雄那里亲眼看到了一台德国造的陈旧的幻灯机和十三张原版的幻灯片，这些片子的内容大多是关于日俄战争的，虽然没有“震撼了鲁迅灵魂的处死俄探场面的片子，但这些东西完全可以证明就是当年中川教授使用过的遗物”①。

对于这次幻灯事件，鲁迅后来在《呐喊·自序》中说：“从那一回以后，我便觉得医学并非一件紧要事，凡是愚弱的国民，即使体格如何健全，如何茁壮，也只能做毫无意义的示众的材料和看客，病死多少是不必以为不幸的。所以我们的第一要著，是在改变他们的精神，而善于改变精神的是，我那时以为当然要推文艺，于是想提倡文艺运动了。”

其实，在这次幻灯事件之前，还有一件事与鲁迅决心离开仙台、弃医从文有关。鲁迅在仙台医专第一学年期终考试中，解剖学得59.3分，各科平均成绩为65分，在全班属于中等偏上水平，特别是鲁迅作为一个中国留学生，能取得这样

① 半泽正二郎《鲁迅·藤野先生·仙台》。

的成绩，在一部分日本学生看来是不可思议的，他们嫉妒，甚至忌恨鲁迅的考试成绩，无中生有地诬蔑说鲁迅的成绩是藤野先生在鲁迅笔记本上透露题目的结果。于是，他们先派人检查鲁迅的笔记，后写匿名信骂鲁迅。检查的人一走，匿名信就送到了。第一句就是“你改悔吧！”这本来是《新约》上的句子，但前不久，俄国作家托尔斯泰曾给日本天皇写过一封谴责日俄战争的信，信中第一句也是这句话。当时，日本的一些报纸对托尔斯泰大加斥责，仙台医专一些颇有爱国热情的青年也愤愤然，但他们内心里却已经受了托尔斯泰这种作风的影响，而且又把这用到鲁迅身上来了。在他们看来，“中国是弱国，所以中国人当然是低能儿，分数在六十分以上，便不是自己的能力了”。这是怎样让同是拥有一腔爱国热情的鲁迅感到屈辱的事情！

鲁迅将这事告诉了藤野先生，有几个班上与鲁迅熟悉的同学也感到很不平，一同去诘责班干事托词检查笔记的无礼，并且要求他们将检查结果公之于众。在这些人的干涉下，流言消灭了，班干事又竭力活动，要求收回那封匿名信。最后，鲁迅将那封托尔斯泰式的信退还给了他们。

像这样让鲁迅感到屈辱的事，他还碰到过几次。如有的日本人看出他是中国人，便同他讲中国话。鲁迅一看就知道他们的目的是拿他来做练习中国话的对象，并且知道这些人中十之八九是将要到中国去杀人放火的侵略者。因此，鲁迅对这种人一概不予理睬。他们见鲁迅假装不懂就恨恨地走了。当日俄战争爆发后，有的日本人看出鲁迅是中国人，便讥笑说："为什么不回去流血，还在这里读书做什么！"鲁迅忍受不了这种侮辱，有一次竟和他们冲突起来。但事后回想起来，这能怨谁呢？只能怨自己国家贫穷落后，怨广大国人愚昧麻木。

自从受了检查笔记的侮辱后，鲁迅切身感受到了生为弱国人的痛苦，也更加激起了他强烈的民族自尊心和发愤图强的精神，同时，他也在思考怎样才能把自己的这种切身感受传达给与自己身处同境，而不觉痛苦的更广大的国人。医学只能救治人们肉体上的病痛，而且往往是个体的、小范围的，很难谈得上它对一个贫穷落后国度里的愚昧麻木的人众，在精神上有多大的感染力。后来，当幻灯事件发生后，几起屈辱事件，时时萦绕脑际，鲁迅深受刺激，数月内寝食难安，曾独自一人进山悲歌，枯坐思索，反复考虑救国救民的道路，当他终于悟出"医学"并非第一要紧的事后，便在仙台医专再也待不下去了，决计弃医从文，提倡文艺运动。对鲁迅来说，这不仅仅是一个学习内容和将来从业的转变，而且是救国思想的转变，世界观的转变，学医是为促进国人对维新的自觉，而从文则是要通过文艺作品，感染国人，使之从思想乃至灵魂深处觉悟起来。

在仙台两年的读书生活中，最让鲁迅留恋的是藤野先生。到第二学年的终结，鲁迅说："我便去寻藤野先生，告诉他我将不学医学，并且离开这仙台。他的脸色仿佛有些悲哀，似乎想说话，但竟没有说。"鲁迅看着藤野先生的凄然表情，又说："我想去学生物学，先生教给我的学问，也还有用的。"这显然是句谎话，但鲁迅撂下这句安慰性质的谎话，也不管自己的恩师还会有什么反应，便告别了藤野先生，永远地离开了仙台。

1906年3月6日，鲁迅通过中国留学生会馆以湖北、江南、江西留学生监督李宝巽的名义，给仙台医专校长山形仲艺博士写了一份退学报告。报告如下：

> 拜启兹有
>
> 贵校学生周树人前来退学，用特函达即，希照准。此烦
>
> 时祉！

仙台医学专门学校于1906年3月15日写了一封批准退学的回信：

> 关于本校医科二年级学生周树人退学一事，贵照会之意图已悉。此件业于本日照准。此复。

这样，鲁迅从此与仙台医学专门学校断绝了关系。不过仙台人并没有忘记鲁迅，为了纪念鲁迅在仙台的留学生活，1960年，仙台人民以宫城县特产玄昌石在广濑川畔、青叶山下建造了一座高五米、宽两米、重达十余吨的纪念碑，碑的正面是郭沫若手书“鲁迅之碑”四个大字，背面是鲁迅留学仙台经过记述，碑的上端是鲁迅手拿烟卷，做沉思状的半身青铜浮雕像。碑文中写的“伟大姿容，流芳百世”，正可做这座纪念碑的主题。

从伏见馆到中越馆

鲁迅离开仙台的具体时间是1906年6月，对鲁迅来说，这是一个多事之秋。当时，他人已离开了仙台，但在仙台受屈辱的事件给他心灵上留下的阴影并没有一下子消除。而恰在这时，家乡绍兴却又传开了他的流言，说他已经和日本女人结婚，经常带着儿子在神田散步。家里人特别是他母亲听到这些传谣之后，感到非常惊讶，便接二连三地来信催他归国。有时一日竟有两封信来催。这使得本来就已精神迷惘的鲁迅愤怒烦躁得神经衰弱起来。于是，他只好回国了。

鲁迅母亲为什么听到传谣后要催他回国呢？原因是鲁迅出国后由她包办为鲁迅定了一宗亲事，女方是山阴朱安女士。鲁迅回到绍兴后就由亲戚、家族特别是他母亲逼迫与朱安女士结了婚。对这宗婚事，鲁迅是不满意的。结婚那天晚上，鲁迅作为新郎按规矩被本家的两个男子扶进楼上的新房，他始终不讲话，任由别人安排，见了新娘，照样一声不吭，“脸上有些阴郁，很沉闷”。因心情不畅，鲁迅在家仅仅停留了四天，便重返日本了。不过，鲁迅在这“心情不畅”的四天内，还专门去探视了少年时的塾师寿镜吾老先生。这时周作人也获得了赴日本留学的资格，于是，鲁迅便与二弟一同离家赴日。到东京后，两人同住于伏见馆。

伏见馆是鲁迅从仙台回到东京后居住的地方，在东京本乡区汤岛二丁目，是中下等的下宿。所谓下宿就是规模不大、很少雇人、按月计算房饭钱的一种旅馆。伏见馆的建筑是一座三层楼，但总共只有十多间屋子。鲁迅住在二楼西端的八号，房间很小，只有四张半席大小。房内配备一个火盆，既可冬天取暖，平时又可烧开水煮茶，还供给一套茶具、食器、洋油灯等生活用品。但书桌却要自备，鲁迅用的是矮桌，日本人叫“几”，相当于中国的茶几或炕桌，是在席地而坐时使用的书桌。桌上摆放着一个景泰蓝花瓶，高约三寸，口径一寸，上下一般大，方形但略带点圆，瓶内为黑色，外表为浅紫色，上现一枝牵牛花，下有木座，是鲁迅从仙台回到东京不久在上野参观博览会时，出五角钱买来的，以后一直带在身边。

伏见馆还有一个好处就是有浴室，每星期供两三次水可洗澡。然而就是因为这个便利使得鲁迅离开了伏见馆。

本来伏见馆的条件还算不错，房间少，住的人也少，相对要安静一些，正可以安心读书做事。可是，鲁迅在这里住了不到半年时间，一天突然来了几个江西客人，每天在馆内住的时间多，很少外出，而且经常高谈阔论，放声狂笑。特别是一位叫作“法豪”的人，醒时大笑大叫，睡了又鼾声大作，如雷贯耳。更令人讨厌的是他记忆力极差，时常走错门，冲进别人的房子，自觉不对，连声招呼也不打，便又像没事一样退出。这几个江西客人对洗澡又特有兴趣。伏见馆内有一个不成文的规定，久住的客人有优先洗澡权，每当澡堂的水烧开之后，就由搞服务的下女按次序来请。但这几个江西客人一到洗澡时间，不等来请，便自行钻进澡堂，不懂规矩地乱洗一通，把浴汤弄到肮脏不堪的程度，方才罢休。鲁迅本来对洗澡也没特别感兴趣，往常住在没有洗澡设备的下宿，两三个月也难得去浴室一次。可这回让这几个江西客人搞得很不愉快，平日里的吵闹，浴室里的狼藉，简直让他有些受不了。所以在踌躇好久之后，终于决定迁居，在东竹町的一户人家租了两间房，住了下来。这便是所谓的中越馆。

东竹町鲁迅的新居原本是一家住户，楼上楼下共有房屋五六间，四间出租，所以客人最多时也超不过四人。但日本警方规定：凡寄居客达到三人者，就以下宿营业论。这样收税多，房租相应也就高了。为了主客两家便利，鲁迅便在这里挂起了“中越馆”的招牌，警察也就不干涉了。中越馆左右没有别的住户，客人也少，所以环境比伏见馆要清静得多。只是饭食不入味，价钱也比较贵，所以鲁迅便经常买些牛肉罐头之类来补充。

中越馆的房主是一个老太婆，还住着一个老头，是房东老太婆的兄弟。他白天一般在家睡觉，到傍晚便出去了。鲁迅晚上读书，睡得很迟，往往到了午夜，便听见老头回来了。一进门，老太婆便问他今天哪里有火烛。鲁迅最初觉得很奇怪，给他起了个绰号叫“放火的老头儿”。后来才知道这个老头原来是给消防队瞭望台值夜班的。

鲁迅在中越馆的住房在楼下，大小两间，大的十席，小的六席，平常有客来，都在大间里坐，火盆上搁着开水壶，可以随时冲茶喝。由于这里比公寓方便又安静，所以来的客人自然比先前多了。在伏见馆时，偶尔来闲谈的是许寿裳。鲁迅平时一般不外出用餐，但许寿裳一来，鲁迅便请他到神乐坂去吃“支那料理”，这里的菜本来不怎么好吃，但内设雅座，尤其没有让鲁迅生厌的“富士山”。鲁迅最看不惯的就是头顶有“富士山”的速成科留学生，还有岩仑铁道明治法政的专门科的学生，认为他们是专图升官发财的。鲁迅之所以离开伏见馆，还有一个原因就是伏见馆里经常有这类学生来住宿。现在迁到中越馆，许寿裳当然还是常客，然来的更多的则是光复会的主要成员陶成章。

陶成章当时是光复会内专门联络下层群众的职业革命家，曾在浙东农村发动群众进行过秘密反清活动，也为孙中山募集过革命经费。他来中越馆，一般在下午，一来就谈上半天。除了陶成章，光复会里的其他一些要人，也经常来中越馆与鲁迅谈天，商议革命大事。谈到吃饭的时候，鲁迅便一定要留他们吃饭，如果抽斗里有钱，还要买牛肉罐头之类的东西来添菜，然而没有钱的时候，便只能请他们吃普通饭了。这些来客也从不讲究吃食，像陶成章，就是给他准备一碗咸菜，他也会当作粉条吃下去。

后来，鲁迅与友人谈话回忆起当时的革命生活时说："我当过山贼，因此，有关山贼的事情，我可知道得多啦。"还说："在反抗清朝的革命风起云涌时，我同革命的山贼（指来自基层的革命党人）常有往来。在一起吃饭时，山贼夹给你这么一大块肉，你就得全部吃下去，否则他就会生气，因为山贼认为这是反对他的表示……"可见，鲁迅与这些革命党人的关系之亲密和融洽。正因此，有一次陶成章受到日本警察的监视，便让鲁迅负责收藏光复会的文件、票布、龙头等重要东西。

鲁迅虽是光复会会员，也与光复会重要骨干来往密切，但他并没有成为职业革命党人，他的目标是以提倡文艺运动，来与革命党人遥相呼应。

寄望“新生”

1906年鲁迅从仙台一回到东京，见到许寿裳便说：“我退学了。”许寿裳听了有点吃惊，又有点怀疑他的见异思迁，反问道：“你不是学得正有兴趣么？为什么要中断？”鲁迅踌躇了一下说：“我决计要学文艺了。中国的呆子，坏呆子，岂是医学所能治疗的么？”许寿裳终于听明白了鲁迅的意思，于是会心地苦笑了一下。

然而鲁迅周围的其他人却怎么也不理解鲁迅弃医从文的转向。当时中国的留学生在日本大多数是学陆军和政法的，也有热心于教育和工业的，总的来说他们的思想倾向是：有抱负者持实业救国主义，无抱负者则持实用主义。搞文学的几乎没有。所以，当他们听说鲁迅要搞文学，就百思不得其解地问鲁迅：“真不懂你弄文学做什么，有什么用处？”

然而，鲁迅自有鲁迅的想法，而且考虑了很长时间，似乎是成熟的。他曾在《域外小说集》新版（1920年版）序文中说："我们在日本留学的时候，有一种茫漠的希望：以为文艺是可以转移性情，改造社会的。因为这意见，便自然而然的想到介绍介绍外国新文学这一件事。但做这事业，一要学问，二要同志，三要工夫，四要资本，五要读者。第五样逆料不得，上四样在我们却几乎全无。"在《呐喊·自序》中，他又说："在冷淡的空气中，也幸而寻到几个同志了，此外又邀集了必须的几个人，商量之后，第一步当然是出杂志。"

这里所说的"同志"和"几个必须的人"，是指鲁迅邀请的几个志趣相投的撰稿人，有许寿裳、袁文薮、苏曼殊、周作人等，加上鲁迅自己共五六个人。许寿裳自从与鲁迅相识之后，始终是支持鲁迅的。袁文薮当时也是留日学生，与鲁迅关系很好，在办杂志的问题上，与鲁迅的意见是一致的。但他却很快从日本转往英国留学，走的时候答应到英国后就写文章寄来，可一去竟杳无音讯，文章的事连一个字都没寄来。苏曼殊当时曾翻译过雨果的《悲惨世界》（译作《惨世界》），刊登在上海的报纸上，引起过反响。鲁迅邀请他时，他虽答应写稿，但态度并不是很积极的。周作人1906年与鲁迅同去日本，并一直与鲁迅住在一起，虽说在学日语，但也有的是时间，于是鲁迅便拉他也参加。

关于杂志的名称，曾经讨论过几次，最初想用《离骚》里的词句“赫戏”或“上征”，但又觉得不够通俗。于是决定用“新生”，取新的生命的意思，即办杂志、提倡文艺运动，这本身就是一种新生的事物，然后再用这新生事物来感染民众，使被感染者也能获得新的生命。这足可见取名的用心良苦，包含着鲁迅的多少心血和希望。尽管当时又有人在背地里取笑说，新生就是新进学的生员，即秀才，但鲁迅是不顾忌这些的。

《新生》编辑的最初工作还算顺利。翻译小说、论文都准备了一部分，印了不少稿纸，连同第一期的封面图案和文中插图也已设计好了。当《新生》的出版期快要临近的时候，先是“隐去了若干担当文字的人”，这主要指的是袁文薮和苏曼殊。袁文薮自不待说，而苏曼殊最初就不很积极，后来又成了一个颓废派。鲁迅曾对增田涉谈起苏曼殊说，自己有一个古怪的朋友，一有钱马上喝酒花光，没有了就到寺庙里去老老实实地待着；一旦有了钱就马上又去花光。若说这是一种虚无主义，不如说是颓废更确切一些。“接着又逃走了资本，结果只剩下不名一钱的三个人”，即鲁迅、许寿裳和周作人。据周作人回忆说：“第一期的插画……是英国19世纪画家瓦支的油画，题云《希望》，画作一个诗人，包着眼睛，抱了竖琴，跪在地球上面。……杂志搁浅的原因最大是经费，这一关通不过，便什么都没有办法，第二则是人力，实在也是一个很大的问题。鲁迅当时很看重袁文薮，……可一去无消息，有如断线的风筝了。此外连他自己只有三个人，就是十分努力，也难凑得成一册杂志。”而鲁迅则说：“创始时候既已背时，失败时候当然无可告语，而其后却连这三个人也都为各自的运命所驱策，不能在一处纵谈将来的好梦了，这就是我们的并未产生的《新生》的结局。”辛苦多日，结果《新生》就这样告吹了。

《新生》失败后，鲁迅感到“如置身毫无边际的荒原，无可措手的了”，他沉痛地说：“这是怎样的悲哀啊！”但无论是痛苦还是悲哀，都没有使鲁迅灰心。1907年年底，留日学生河南同乡会办的杂志《河南》出刊了，鲁迅便把他为《新生》准备的几篇论文，全数发表在《河南》杂志上。记有《摩罗诗力说》《科学史教篇》《文化偏至论》《破恶声论》《人之历史》和一篇未译完的文章《裴多菲诗论》。这是鲁迅留学日本以来课外读书生活的全部结晶：有介绍译述，有感悟点评，有切身体验，也有思想理论；评介的是西方的科学、文化和艺术，而针对的则是中国社会的现状和中国人的现状。《人之历史》系统介绍了生物进化学说的历史；《科学史教篇》介绍了欧洲自然科学从希腊、罗马时代到19世纪初的发展情况；《文化偏至论》是在借鉴尼采、叔本华哲学思想的基础上，批判了中国近代史上的洋务运动和改良主义，提出了自己的救国兴民主张：“非物质”“重个人”。“非物质”就是抛弃一味看重金钱物质利益的观念；“重个人”是要尊重人的个性，张扬人的个性。他在文章的最后说：“国人之自觉至，个性张，沙聚之帮，由是转为人国。人国既建，乃始雄励无前，屹然独见于天下。”《破恶声论》是抨击帝国主义侵略行径的，《裴多菲诗论》是译作，这两篇是未完成之作。在全部六篇文章中最长的是《摩罗诗力说》，而鲁迅最看重的也是这篇文章。在这篇长达两万四千多字的文艺论文里，鲁迅首先介绍了波兰的显克维支、斯洛伐支奇、克拉旬斯奇，匈牙利的裴多菲，俄国的普希金、莱蒙托夫，英国的拜伦、雪莱等八位著名诗人的个性和思想，特别介绍了他们的浪漫主义风格和精神。然后阐明自己的主张：“文章之于人生，其为用决不次于衣食、宫室、宗教、道德”，但鉴于中国文坛的萧条，应“别求新声于异邦”。这“新声”就是“摩罗诗派”的“复仇”与“反抗”之声。他说这些诗人都是“立意在反抗，指归在动作，而为世所不甚愉悦者”，但他们的“品性言行思惟”，“无不刚健不挠，抱诚守真；不取媚于群，以随顺旧俗；发为雄声，以起其国人之新生，而大其国于天下”。而这一切，是足以使中国人受到启迪而警觉起来的。直到1925年鲁迅在《写在〈坟〉后面》一文里还说：“其中所说的几个诗人”，“先前是怎样地使我激昂呵，民国告成以后，我便将他们忘却了，而不料现在他们竟又时时在我的眼前出现。”

还说："其中所介绍的几个诗人的事，或者还不妨一看。"这足可见鲁迅对他所读过的西方浪漫主义诗人作品的偏爱。

为《新生》准备的论文，在《河南》杂志上发表了，但为《新生》准备的翻译小说还没有着落，因为《河南》杂志是不发表文艺作品的。但鲁迅当时翻译的小说，大部分取自俄国及东欧诸弱小民族的作品，其内容又是注重于"叫喊"与"反抗"的。这又让他常常念及，于心不能割舍。

1908年，许寿裳的朋友蒋抑卮来东京医治耳疾。鲁迅其时与许寿裳同居一室，所以认识了。蒋抑卮是银行家，颇有见识，旧学很好，也不乏新思想，与鲁迅一见如故，很谈得来。当他知道鲁迅有介绍外国小说的意思，便表示愿意帮忙，垫付印刷费，等印出书卖了以后，再还给他钱。这样，印书的事很快决定了，取名为《域外小说集》，准备先印两册，等赚回了成本，再印第三册、第四册……

在编印《域外小说集》前两册的时候，鲁迅以极其审慎的态度，对作品进行了认真的选择。他利用晚上的时间，大量阅读了各种书籍，尤其对文学史读得更仔细，以便了解"作者的为人和思想"，"决定应否介绍给中国"。为了帮助读者理解作品，鲁迅特地在卷首写上"序言""略例"，卷末又附介绍作者事略的"杂识"。这在当时的翻译界，还是一种创举。

《域外小说集》终于印好了，第一册印了一千本，第二册印了五百本，寄售的地方是东京的群益书社，许寿裳回国时又带了一批在蒋抑卮开的上海广兴隆绸庄寄售。然而这一次又让鲁迅失望了，半年之后去寄售处结账，发现第一册卖了二十一本，第二册卖了二十本。第一册之所以会多卖一本，是因鲁迅怕寄售处私自抬高价钱，特地叫许寿裳买了一本做验证的，后来证明寄售处并未抬高价格，第二册也就不再试验了。这是日本东京群益书社寄售的情况，而在上海的广兴隆绸庄里传来的消息说，那里也只卖了二十册左右。更不幸的是不久寄售处又着了火，存书和纸版一同化为灰烬。这样，鲁迅准备“卖回本钱，再印第三、第四，以至第×册的”美梦又一次破灭了。但售出去的书，毕竟还影响了一部分人，如夏丏尊先生说，他读了《域外小说集》之后，感受到一种从林琴南的译作中无法读到的“新鲜味”，“我可以说”是“受他启蒙的一个人，至少在小说的阅读方面”。这应该说是值得美梦破灭了之后的鲁迅所欣慰的。

学德文、学俄文

鲁迅与德语的关系，可谓深矣。早在南京矿路学堂读书时，便开始了德语的学习。矿路学堂是附设在陆师学堂里的，而陆师学堂所请的军事教官是德国人，所以德语被列为陆师学堂和矿路学堂的外语必修课。到日本仙台医专后，外语课学的也是德语。从仙台回到东京，为了不失去留学生的学籍，以便领取留学官费，鲁迅便把自己的学籍一直挂在东京独逸语（即德国语）学协会所办的德语学校，作为名义上专攻德语的该校学生。

当时中国政府对留日学生的规定是：凡进日本国立大学留学的学生每年官费为五百日元；凡进专门高等学校留学的学生每年官费为四百五十日元；此外进别的任何学校留学，每年官费一律为四百日元。不过，作为准政府机构的留学生会馆对留学生的管理却相当马虎，留学生只要报告说在什么学校读书，就可以领取到学费，而实际上你去不去都无所谓。鲁迅一直将自己的学籍挂在德国语学校，就是为了以这样的形式来领取官费的。德国语学校的留学官费属于四百日元一档，所以鲁迅每月可以领得三十三日元学费。

每月三十三元钱，既要食宿，又要买书和开销日常生活费用，是很不宽裕的。所以鲁迅便经常想办法来补充。办法之一是译书，鲁迅译书具有很明确的目的性，即启迪国人的思想觉悟，凡与这种目的无关的书他自己就很少看，更不去译。但他认为可译的书，又很难找到出版社来购买。这样靠译书一法来补充生活费，是极无保障的。办法之二是给游历官当翻译，这种机会一年半载都很难找到，所以更无保障。办法之三是校对。鲁迅从仙台回到东京不久，适值湖北要翻印同文会所编的《支那经济全书》，由湖北籍留学生分担译出，正在付印，经办这事的陈某毕业回国，将未了事务托许寿裳代办，鲁迅从许寿裳那里拿了一部分未校对的稿子来校对。这报酬虽然不高，但总是一种额外的收入。

鲁迅搞校对很负责任，不光校对标点符号和错别字，对文字语句不通处，也要用心修改一番。有一次他看到一段讲纳妾的事，翻译的人忽然义思勃发，加了许多自己的话，什么小家碧玉，什么河东狮吼，鲁迅看了非常生气，便拿起红墨水笔一笔勾销了。

通过多年在学校里的必修，德语已经成了鲁迅的第二外语。回东京后，他虽然挂名在德语学校不去专修，但他已达到了完全可以自修的水平。所以自修德语，他是一直没有放弃的。据增田涉回忆，鲁迅告诉他，办《新生》杂志失败后，他曾计划到德国去留学，目的是“一种青年人的憧憬”，“想以德语为媒介”，接触并向国人传播德语世界的思想文化。后来去德国留学虽然没有成行，但德文书他却购买了不少。如总结各种学艺的小丛书《葛兴》《勒克拉谟》，以及德国古典名著多种。对德国文学他不大感兴趣，只买过海涅的诗集。在德语书籍中，最让鲁迅倾心的是尼采的著作，《察拉图斯忒拉如是说》一书多年保存在他的书橱里，像他早年读《天演论》一样经常读。后来他还亲手翻译了这部著作。他最欣赏尼采的一句话：“你看见车子要倒了，不要去扶它，还是去推它一把吧。”鲁迅之所以欣赏这句话，就是因为这句话可以表达他对具有两千多年历史的中国封建社会的思想态度。此外，收在《域外小说集》中他所翻译的几篇小说，都是通过德文译的。

1907年秋天，由同学陶望潮（陶成章之弟）发起，鲁迅、许寿裳、周作人、汪公权、陈子英及陶望潮等六人组织了一个小小的俄语学习班，聘请一位流亡日本的俄国妇女玛利亚孔特夫人，来讲授俄语，地点在这位教师的住处神田。上课时间，每晚一小时，学费比较贵，每人每月五元。当时鲁迅他们还住在中越馆，中越馆距离神田并不远，每天晚上吃过饭，他们几人便徒步走去。这位女教师不会讲日语，只用俄语讲课。这对初学俄语的人来说有一定的障碍，于是他们又临时请一位寄食在玛利亚孔特夫人家里的半工半读的学生当翻译，主要是解释文法上的问题。这样翻译过几次后，大家觉得自己看看文法书，也照样可以听懂，所以就不再请他做翻译了，只听教师的读音和发音。

俄语的发音要比英语发音容易学，而且拼音也很有规则。但其时由陶望潮拉来一块听讲的汪公权总是念不好，发音时都要加上一些杂音，仿佛都用的是“仆”字音。每当听到他“仆……仆……”地读不出的时候，不但教师替他着急，连坐在旁边的许寿裳和鲁迅，也紧张得要浑身发热。于是他们便开玩笑说：“上课犹可，仆仆难当。”

这个俄语班维持的时间并不很长，一册俄语初级教本还没有学完，就散伙了。原因主要是教师出事了。由于玛利亚孔特夫人是因政治问题流亡日本的，在她给鲁迅他们讲授俄语期间，还不断有俄国青年出入于她的住所，所以外面很快有了流言，她不愿听这些流言，就用手枪自杀。但没有打中要害，伤口很快愈合了。不过由于这件事，再加上学费昂贵，陈子英首先提出退学，接着汪公权又走了，发起人陶望潮则说要去长崎跟俄国人学制造炸弹，也去了。这样，这个俄语班便只好散伙。

后来只有陈子英靠自学达到了可以看书阅读的水平，其他人都是半途而废，包括鲁迅在内。不过，鲁迅最初学俄语的目的，是为了学习俄国人求自由的革命精神。俄语班散伙后，俄国语言确实没有学成，但学习俄国人的精神和文学，则通过德文和日文间接地实现了。鲁迅当时以及后来的许多译著，可作证明。如20世纪20年代革命文学论争过程中，鲁迅大量翻译的俄国文艺理论著作多是通过日文本翻译的，而倾注了鲁迅晚年许多心血的果戈理的长篇小说《死魂灵》的翻译，则是通过德文完成的。

师从太炎先生

1908年春，许寿裳从东京高等师范学校毕业，找了一个新的住处，据说是日本著名作家夏目漱石住过的房子，地点在本乡西片町十番地乙字七号。这座房屋，庭院广阔，规模宏大，房间新洁而美丽。整座房屋又建筑在坂上，站在房内，即可居高临下，眺望就近街景和远处的小石川区大道。住在这房里，人没有憋闷之感，看书累了，临窗远眺，顿觉舒畅起来，是一所比较理想的住宅。当许寿裳拉鲁迅去一块儿住的时候，鲁迅也就同意了。搬迁的时间是1908年4月8日，鲁迅搬进去后住在南向小间里。由于整座房屋一共住了五个人：许寿裳、鲁迅、周作人、钱家治、朱谋宣，所以，他们便在高大铁门旁边的电灯上署名曰“伍舍”。

夏目漱石是日本作家中鲁迅比较喜欢的一位，现在移居到他所住过的地方，还是一件挺有趣的事。伍舍庭园广阔，隙地很多，鲁迅从小爱好植物花草，于是便发动大家种花草，所种的牵牛花，变种很多，花的色彩和形状各式各样，千奇百怪。每当晓风拂拂，晨露湛湛，牵牛花笑口齐开，人如走近花丛，“大有天国乐园去人不远之感”。为了维持花轮原样，不减少花朵，鲁迅便把已经开过的花蒂一一摘去。其余的秋花也满地绽放，小小的蟋蟀鸣于其间，为新到来的伍舍主人，增加了不少乐趣。

西片町是有名的学者住宅区，几乎家家博士，户户鸿儒。只有伍舍这一家住的是五个学生，但他们也不甘示弱，每天勤奋苦读，孜孜以求，向学者的路上迈进着。为了扩大知识面，打好做学问的基础，鲁迅和许寿裳提议：大家一同去听章太炎讲国学。

章太炎，浙江余杭人，清末资产阶级革命家，国学大师，光复会发起人之一，后参加同盟会。1903年因在《苏报》撰文介绍邹容《革命军》一书，被清政府逮捕，判刑三年。出狱后他流亡日本，一面主编同盟会机关刊物《民报》，一面在大成中学为青年举办国学讲习班。当时，鲁迅虽想聆听太炎先生讲学，但又觉得和大成中学的大班混杂在一起，既不方便，效果也不会好。于是便请太炎先生的女婿龚味荪去与太炎先生协商，可否于星期日午前在民报社另开一个小班。协商的结果是可以。这样伍舍的鲁迅、许寿裳、周作人、钱家治四人，加上原在大成中学大班里听讲的龚味荪、钱玄同（当时叫钱夏）、朱希祖、朱宗莱，共八人组成一个小班，听太炎先生讲国学。

民报社在西片町附近的小石川区新小川町，一间八席的房子当中放了一张矮桌，太炎先生坐在一面，八名学生围在三面听，讲的具体内容是《说文解字注》和《尔雅义疏》。讲授方法是一个字一个字往下讲，有的沿用旧说，有的发挥新义，那些枯燥的方块汉字，竟被太炎先生讲得妙趣横生。鲁迅听讲的时候，还做了笔记，第一卷的笔记抄本，至今还保存着。太炎先生是著名国学大师，他很看不起那些权位显赫的阔人，可是对青年学生却很好，随便谈笑，如同家人朋友一般。他本人的言行举止也没有名士学者的架子，夏天盘膝坐在席上，光着膀子，只穿一件长背心，留着一簇泥鳅胡须，讲书时笑嘻嘻地庄谐杂出，看上去犹如一尊喇嘛庙里的菩萨（周作人语）。而据许寿裳回忆说："先生讲段氏《说文解字注》，郝氏《尔雅义疏》等，神解聪察，精力过人，逐字讲释，滔滔不绝，或则阐明语源，或则推见本字，或则旁证以各处方言。自八时至正午，历四小时毫无休息，真所谓'诲人不倦'。"还说："章先生讲书"，"新谊创见，层出不穷。就是有时随便谈天，也复诙谐间作，妙语解颐"，"听讲时，以逿先（朱希祖）笔记为最勤；谈天时以玄同说话为最多，而且在席上爬来爬去。所以鲁迅给玄同的绰号曰‘爬来爬去’”[①]。

鲁迅听讲时，极少发言，只是有一次，太炎先生谈起文学，他知道鲁迅在搞文学，便问鲁迅文学的定义如何。鲁迅回答说：“文学和学说不同，学说所以启人思，文学所以增人感。”太炎先生听了鲁迅的回答后说，这样分法虽比前人有进步，但仍然有不当之处，比如郭璞的《江赋》，木华的《海赋》，怎么能够感染人的喜怒哀乐呢？鲁迅听了太炎先生的反问，并未争辩，课后他对许寿裳说：“先生诠释文字，范围过于宽泛，把有句读的和无句读的悉数归入文学。其实文字与文学固当有分别的，《江赋》《海赋》之类，辞虽奥博，而其文学价值就很难说。”许寿裳听了鲁迅的话，对鲁迅这种“爱吾师尤爱真理”的态度，深感佩服。

鲁迅在民报社听太炎先生讲学期间，《民报》却发生了一件意外的事。《民报》从1906年9月起，一直以太炎先生为主编，到1908年8月，突然换成陶成章为主编及出刊人。此前，清政府曾向日本政府打招呼请求禁止《民报》出版，日本政府一直在等机会，这次终于等来，他们借口《民报》改变出版人未向警厅报告，小题大做，说是违反了出版法，不但要禁发刊，而且要处以一百五十元的罚金。如果过期不交，就要将编辑出刊人拉去做苦工，以一天一元折算。《民

① 《亡友鲁迅印象记》。

报》本来在这种情况下能坚持出版，就已很不错了，根本没有钱支付这笔罚款。一直拖到交纳罚金期限的最后几天了，龚味荪来找鲁迅商量，恰巧许寿裳经手一笔《支那经济全书》的印刷费，鲁迅便转请许寿裳挪用一部分印刷费，以解《民报》及太炎先生的燃眉之急。许寿裳同意，使得这起意外事件得以妥善处理。

鲁迅在《民报》听讲持续了一年多时间，从1908年的夏天开始，一直到1909年回国为止。据说讲完《说文》，还讲过《庄子》。一年多的时间，在鲁迅的读书生涯中并不占多么重要的地位，而且太炎先生后来在政治上也逐渐走向“颓唐”，像鲁迅所说的：“太炎先生虽先前以革命家现身，后来却退居于宁静的学者，用自己所手造的和别人所帮造的墙，和时代隔绝了。”“既离民众，渐入颓唐”，终于“为大多数所忘却”。但是在一年多的求教过程中，太炎先生的为人风范，以及他先前的革命精神却始终为鲁迅所敬仰。1936年太炎先生逝世，鲁迅在病魔缠身的情况下，连着写了两篇纪念文章，表达了对这位先师的崇敬和怀念。

鲁迅说：“我以为先生的业绩，留在革命史上的，实在比在学术史上还要大。”“我的知道中国有太炎先生，并非因为他的经学和小学，是为了他驳斥康有为和作邹容的《革命军》序，竟被监禁于上海的西牢。那时留学日本的浙籍学生，正办杂志《浙江潮》，其中即载有先生狱中所作诗，却并不难懂。这使我感动，也至今并没有忘记。”“1906年6月出狱，即日东渡，到了东京，不久就主持《民报》。我爱看这《民报》，但并非为了先生的文笔古奥，索解为难，或说佛法，谈‘俱分进化’，是为了他和主张保皇的梁启超斗争，和‘××’[①]的×××[②]斗争，和‘以《红楼梦》为成佛之要道’的×××[③]斗争，真是所向披靡，令人神往。前去听讲也在这时候，但又并非因为他是学者，却为了他是有学问的革命家，所以直到现在，先生的音容笑貌，还在目前，而所讲的《说文解字》，却一句也不记得了。”

由此看，鲁迅师从太炎先生，最初以学国学的动机出发，却亲身感受到了太炎先生的革命斗争精神。鲁迅还说，太炎先生“以大勋章作扇坠，临总统府之大门，大诟袁世凯的包藏祸心者，并世无第二人；七被追捕，三入牢狱，而革命之志，终不屈挠者，并世亦无第二人；这才是先哲的精神，后生的楷范”。而正是太炎先生的这种“先哲精神”与鲁迅自己的斗士精神，有灵犀相通之处，才使得鲁迅对太炎先生如此推崇备至。

如果我们把眼光向后推移，在20世纪20年代与章士钊、陈西滢等人，与执政的段祺瑞政府，30年代与国民党专制统

---

① 献策。
② 指吴稚晖。
③ 指蓝公武。

治，与形形色色的不革命及反革命派等一系列的斗争中，鲁迅那种嬉笑怒骂皆成文章的作风与文风，那种高举投枪匕首一针见血的勇敢与智慧，那种面临高压坚韧不屈的风范与精神，都让人想到太炎先生对鲁迅的影响。不过，太炎先生由于时代的和自身的局限，晚年难免有“白圭之玷”，然而鲁迅的斗争却终其一生，死而后已，最终完成了一个精神界战士形象的完整塑造。

“又穷落了”

鲁迅弃医从文后，在东京整整生活了三年零两个月。这段时期，他的生活起居是极自由的，但在这自由中，形成了他自己的一套规律。每天早上起床后是抽烟、喝茶、看新闻，然后便直接用午餐；午餐后，如有客人来便闲谈，如无客人来，看书到一定时候，就去逛书店；到晚上正式开始干他所要干的工作，看书、写作、翻译，直到深夜别人都进入梦乡的时候为止。在日常生活方面，吃饭、穿衣、住宿，都很随便，从不刻意追求什么。三年多时间里，鲁迅调换过几次住处，但都在神田附近。那时神田有一杂货铺，既卖杂货，也卖副食品，什么火腿、酱豆腐等家乡美食品种很多，但对鲁迅却没有多大的吸引力，他除了在这里买过几支狼毫毛笔外，再就不曾买过什么东西。

不过，鲁迅在国外生活了几年，生活习惯上还是有些变化。如住宿，日本人在房内是不安床的，有些留学生苦于无床，便将壁橱上层做卧榻，权当床用。而鲁迅却不这样，席上坐卧都无不可，每到一处地方，即使地上铺些稻草，他也照样可以学习和休息的。服饰上，鲁迅在弘文学院和仙台医专时期，穿的是学生制服，后来在东京一直穿和服，无论到哪里去，都是一套服装。除了脚上那双皮鞋外，样子很像本地的一个穷学生。

但在读书学习上，他始终处在如饥似渴的状态中。鲁迅的读书学习，在每天的三段时间内，也分为三种不同的方式：早上看新闻报刊，下午逛书店，晚上夜读。逛书店，其实是去看旧书。在东京，旧书店以神田最多，每当傍晚，街道上常常簇拥着一群破衣旧帽的学生，挨个走进每家书店内。书店里左右两壁和中央的大床上都是书，里面深处大抵跪坐着一个精明的掌柜，双目炯炯地注视着每一个看书的人。鲁迅描写说："从我看去很像一个静居网上的大蜘蛛，在等候自投罗网者的有限的学费，但我总不免也如别人一样，不觉逡巡而入，去看一通，到底是买几本，弄得很觉得怀里有些空虚。"①

除了跑旧书店看旧书，当怀里有点钱的时候，鲁迅也时

---

①《小约翰·序言》。

常出去看德文和日文版的新书。“那时候不知道因为境遇和时势或年龄的关系呢，还是别的原因”，鲁迅“总最愿听世上爱国者的声音，以及探究他们国里的情状。波兰印度，文籍较多；中国人说起他的也最多”。鲁迅留心他们也最早，而且很替他们抱着希望。鲁迅说：“那时候又有一种偏见，只要皮肤黄色的，便又特别关心：现在的某国，当时还没有亡；所以我最注意的是芬阑斐律宾越南的事，以及匈牙利的旧事。”[①]匈牙利和芬兰文人最多，声音也最大。菲律宾则只有曾参加过反殖民主义民族解放运动的李萨尔写的一本小说《起义者》。关于越南，鲁迅当时没有搜寻到文学方面的作品，只看到他们自己做的亡国史。为了配合当时国内革命党人的反清斗争，鲁迅倾心关注被压迫民族的文学作品，尤其注重短篇，但由于越南、菲律宾等国的作品极难找到，就又“势必至于倾向了东欧”，因此，俄国、波兰及巴尔干半岛诸小国家的作品，便成了鲁迅重点关注的对象。

读东欧国家的文学作品，对鲁迅的启发是很大的。他说：“后来我看到一些外国的小说，尤其是俄国、波兰和巴尔干诸小国的，才明白了世界上也有许多和我们的劳苦大众同一命运的人，而有些作家正在为此而呼号，而战斗。而历来所见的农村之类的景况，也更加分明地再现于我的眼

---

①《随感录》。

前。”这里，对“世界上也有许多和我们的劳苦大众同一命运的人”的明白，实际上是一种发现，是鲁迅通过读书而自己发现的。同时，他也知道了“有些作家正在为此而呼号，而战斗”，这更坚定了他为自己民族的解放而从事文学运动的信念。所以，他便更加努力地搜寻，更加广泛地阅读，更加深入地思考。好在这方面的文章和书籍，在德文和日文译本大多可以找到。这时，他也曾认真地搜求过印度和埃及这方面的作品，但很难找到。

在当时整个世界文坛上，鲁迅比较喜爱的作家有俄国的果戈理，波兰的显克微支，日本的夏目漱石和森鸥外，英国的拜伦，匈牙利的裴多菲，还有波兰的一些诗人。对于拜伦，鲁迅读了他的诗后，曾感觉到“心神俱旺”，尤其是看了拜伦花布裹头，去帮助希腊独立时的肖像，更使他感动。对于波兰诗人的作品，鲁迅也曾激动过。鲁迅说：“那时满清宰华，汉民受制，中国境遇，颇类波兰”，所以，“读其诗歌”，也就心心相印。在波兰诸多诗人作家中，鲁迅尤其喜欢显克微支，他说显克微支“是波兰在异族压迫之下的时代的诗人，所鼓吹的是复仇，所希求的是解放”，认为匈牙利的裴多菲则是“反抗俄皇的英雄”。

为了搜集自己所喜欢的这些作家的作品，鲁迅煞费苦心，不止一次地开出书单，托相模书屋交给丸善书店，请他们写信向德国方面购买。有一次，鲁迅特地托丸善书店到德国购买裴多菲的作品，因为书极便宜，担心店员不肯经手，开口时还心里惴惴。店员看他求书心切，也不计较利润，答应了他的请求，后来终于给他买到了裴多菲的两本诗集。这两本书一直到他晚年还像宝贝似的保存着，后来送给了在上海坚持地下工作的青年革命诗人殷夫。殷夫被国民党当局逮捕后，这两本书落到了敌人手里。鲁迅惋惜地说："我……很为我的那两本书痛惜：落在捕房的手里，真是明珠暗投了。……这岂不冤枉！"

有的作品，鲁迅在日本时看过，一直到中年还没有忘记，还要设法将它译出来，如《小约翰》。他在神田跑旧书店时，看到一本破旧的德文杂志《文学的反响》，因为想看每半月出版的书名和各国文坛的消息，就把它买下来。不料这本杂志中登载着《小约翰》第五章以及作者介绍。鲁迅看了后，一下子就被吸引住了，几天以后，便跑到南江堂去买，没有这书，又跑到丸善书店，也没有，只好就托丸善书店去订购，等到三个月以后，书终于买到了。当时鲁迅就想把它翻译过来，但"没有这力"，以后也常常想到要译，可总被别的事情岔开，直到1926年，才得译出，了却了一场心愿。

许寿裳说，鲁迅"生平极少游览，留东七年，我记得只有两次和他一同观赏上野的樱花，还是为了到南江堂买书之便。其余便是同访神田一带的旧书铺，同登银座丸善书店的书楼。他读书的趣味很浓厚，决不像多数人的专看教科书；购买的方面也很广，每从书店归来，钱袋空空，相对苦笑，说一声‘又穷落了’”[①]。

鲁迅在从仙台回到东京后的三年，甚至在日本留学的整个七年内，就是这样在一次一次“又穷落了”的生活中过来的。

鲁迅买书，可以说是煞费苦心，而鲁迅读书，则往往又是苦读。白天购得的书，他一般都是在晚上洋油灯下读的。读到什么时候，谁都不知道。只有到了第二天，房东来拿洋油灯，整理炭火盆，看见油灯内的油已耗尽，炭火盆里插满了烟头，才知道他昨晚睡的时候，夜已相当深了。

鲁迅在日本每晚读书读到什么时候，没人能知道，鲁迅在日本究竟买了多少书，读了多少书，这些恐怕更是没人能知道的数字！而正是这些无人知晓和无法统计的数字，构成了鲁迅这位精神界战士的无穷战斗力和无限生命力。

---

①《我所认识的鲁迅》。

辫子的麻烦

鲁迅从仙台回东京后，学籍一直挂在德国语学校，虽没有去正式上课，但他从未放弃德语的学习。这原因一者是可以借助德语知识来阅读和翻译欧洲受压迫的弱小民族的文学，另一个则是想去德国留学，以便切身感受德国的文化、哲学及其社会根基。正如他弃医从文办杂志一样，这也是一个美好的梦。然而，1909年周作人的婚事，却使鲁迅这个小小的美梦又一次破灭了。

许寿裳回忆说："1909年春，留欧学生监督蒯礼卿辞职，我的学费无着了，只好把欧游临时终止，归国来担任浙江两级师范学堂的教务长了。鲁迅对我说：'你回国很好，我也只好回国去，因为启孟将结婚，从此费用增多，我不能不去谋事，庶几有所资助。'他托我设法，我立刻答道：

‘欢迎，欢迎！’我四月间归国就职，招生延师，筹备开学，其时新任监督是沈衡山先生，对于鲁迅一荐成功，于是鲁迅就在六月（这里说的月份均为农历）间归国来了。”[①]而据鲁迅自己说：“终于，因为我的母亲和几个别的人很希望我有经济上的帮助，我便回到中国来。”[②]

鲁迅回国，遇到的第一件麻烦事就是辫子问题。剪辫本来是他出国留学期间最舒心的一次胜利，也是他在国外读书的一大收获。然而这收获和胜利给他带来的喜悦和欣慰，现在却变成了苦恼。早在幼年时，他就听老年人说过：“剃头担上的旗杆，三百年前是挂头的。”这是指满族人三百年前最初入主中原时的事。满族人有一种风俗，男子须剃发垂辫，即剃去头顶前部头发，后部结辫垂于脑后。1644年清兵刚刚入关，即下令全体国人剃发垂辫，要汉族人遵从满族人的习俗，显示满族人对汉族人的统治。但因受到各地人民的反对和全国政局未定的影响，这项命令也未能贯彻。1645年清兵继续南下，攻占南京后，再次颁布剃发令，而且更加严厉，限于布告之后十日，“尽使薙（剃）发，尊依者为我国之民，迟疑者同逆命之寇”，如“已定地方之人民，仍存明制，不随本朝之制度者，杀无赦！”此事曾引起各地人民的广泛反抗，但这时全国政局已定，明令既发，反抗者只能

①《亡友鲁迅印象记》。
②《鲁迅自传》。

遭受“杀无赦”的悲惨下场。因此，鲁迅说：“这辫子，是砍了我国古人的许多头，这才种定了的。”[①]后来，清末反清革命运动兴起之后，辫子，再一次成了具有政治敏感性的问题。

鲁迅在日本剪辫后，曾于1906年回国一次。但一到上海，便首先装了一条假辫子，以蒙混过关。当时上海有一个专装假辫子的专家，定价每条大洋四元，做得很巧妙，只要别人不留心，是很难看出漏洞来的。但这次回国的情况却不一样了。那次是回国探亲，时间很短，没有人去专门留意你的辫子。而这次则是长期生活，即使装假辫的水平再高明，也难免有露马脚的时候。最不方便的时候是夏天，因为不能戴帽子，很容易被人看出破绽；还有就是不能到人多的地方去，在人堆里一挤，不是被挤掉，就是被挤歪，那时真相出来，也很难堪。于是，鲁迅这次回国，虽然还是装了一条假辫，但提心吊胆地装了一个月后，便索性丢掉不装了，因为他怀疑：这样不真实地装来装去，究竟能装到什么时候呢？

然而，在当时不装假辫的日子同样很难过。虽然革命运动潮起潮落，剪辫的人多了起来，清朝政府也不至于像三百年前那样对一个不拖辫子的人，会敏感到立即砍头问罪的地步，但三百年的强制留辫，已使一般人又形成了一种新

①《且介亭杂文》。

的观念。鲁迅说他去掉假装的辫子以后，做人是真实了，但也付出了“不便宜”的代价。“走出去时，在路上所受的待遇完全和先前两样了。我从前是只以为访友作客，才有待遇的，这时才明白路上也一样的一路有待遇。最好的是呆看，但大抵是冷笑，恶骂。小则说是偷了人家的女人，因为那时捉住奸夫，总是首先剪去他辫子的，我至今还不明白为什么；大则指为‘里通外国’，就是现在之所谓‘汉奸’。我想，如果一个没有鼻子的人在街上走，他还未必至于这么受苦，假使没有了影子，那么，他恐怕也要这样的受社会的责罚了。”①

责罚归责罚，恶骂归恶骂，鲁迅终于在杭州的浙江两级师范挺过来了。而且他与许寿裳及其他留日归国教员一起，发动全校师生，同一名以“尊经”“忠君”为事的校长“夏木瓜”展开斗争，最后赶走了这位校长，取得了这场斗争的胜利。

1910年，绍兴府中学堂想聘鲁迅来任教。鲁迅于7月辞去杭州浙江两级师范学堂的教职，受聘回到故乡绍兴府中学堂任教务长兼生理卫生教员。鲁迅在职务上虽然受到了故乡人的礼遇，但他的辫子问题却又成了新环境中的新话题，受到的责罚、奚落、恶骂更甚。因为在杭州当教员，熟人并不

---

①《且介亭杂文·病后杂谈之余》。

多，鲁迅又给日本籍教师兼当翻译，穿上西服，有不明底细的人还以为他也是日本人，但这次回到故乡绍兴，所有的人都认识他，所以不管怎么装束，在当地人的眼里，他就是“里通外国”的人。特别是那位身为满族人的绍兴府知府，他每次到府中学堂来，总要有事没事和鲁迅说上几句话，审视一番剪掉辫子的鲁迅的头，让人感觉到他似乎要在鲁迅头上寻找一点什么事情来着。二十多年后鲁迅想起此事，还感慨地说：“我所受的无辫之灾，以在故乡为第一。”[①]就连他本家的一位叔父，也曾因看不惯鲁迅的无辫形象，起过要告密的念头。后因当时革命运动时起时伏，未敢轻举妄动。

尽管在故乡绍兴鲁迅再一次遭受了前所未有的无辫之苦，但他却以自己的人格力量和学识水平，赢来了大多数人的尊敬。特别是学生，都很佩服鲁迅，没有一个说他是“里通外国”的。就在辛亥革命即将来临的时候，学校里突然有许多学生也要剪辫，鲁迅知道学生的想法与自己的行为有关，又考虑到当时自己的遭遇，便出面制止学生的剪辫行动。这下，学生们对鲁迅的行为怀疑起来了，并推选出代表来诘问鲁迅：“究竟有辫子好，还是没有辫子好呢？”鲁迅对他们回答说还是没有辫子好，但劝他们不要轻易剪掉辫子。向来佩服鲁迅的学生们，听了鲁迅的答复，很快改变了

---

①《且介亭杂文·病后杂谈之余》。

看法，认为鲁迅是“言行不一致”的人。鲁迅有口难言，但心里却想：“他们一剪辫子，价值就会集中在脑袋上。轩亭口离绍兴中学并不远，就是秋瑾小姐就义之处，他们常走，然而忘却了。”[①]秋瑾是绍兴著名的反清革命志士，被保皇派杀害于绍兴城轩亭口。

然而当时毕竟离杀害秋瑾的年代又过去了整整四年，1911年辛亥革命取得了成功，武昌光复，杭州光复，绍兴也光复了，全城都挂起了白旗。出身绿林的革命党人王金发带兵开进绍兴城的第二天，就号令全城百姓都剪了辫子。鲁迅说：“我觉得革命给我的好处，最大，最不能忘的是我从此可以昂头露顶，慢慢的在街上走，再不听到什么嘲骂。几个也是没有辫子的老朋友从乡下来，一见面就摩着自己的光头，从心底里笑了出来道：哈哈，终于也有了这一天了。”鲁迅还说：“假如有人要我颂革命功德，以‘舒愤懑’，那么，我首先要说的就是剪辫子。”[②]

如果说剪辫是鲁迅在日本读书时的一大收获的话，那么，这果实应该说直到这时才算最后到手了。

---

①《且介亭杂文·病后杂谈之余》。
②《且介亭杂文·病后杂谈之余》。

阅读社会（一）：采集植物标本

鲁迅从日本回国后，再不是单纯的书生了，他有了忙得不可开交的社会性工作。然而正是这份社会工作，给他提供了阅读社会的机会。鲁迅阅读社会，可分为三个层面，即自然、历史、现实。我们先谈他对自然的阅读。

严格地说来，我们每个人每天都在阅读社会，包括自然、历史、现实。然而有的人是在认真地、有目的地阅读，而有的人则是无目的地浏览。鲁迅当然属于前者。还在幼年时期，鲁迅就非常喜欢花草植物；在南京矿路学堂读书时，他开始系统地接触到了自然科学方面的初级知识，也启发了他对自然界做理性把握的思维；在日本仙台，他又更深入地学到了生物学、组织学等知识。从日本回国，鲁迅带回了他在仙台医专读书时自制的组织学标本和一盆叫水野栀子的植物。出于对植物学的爱好，他还读过达尔文的《物种起源》等生物学方面的经典著作。

杭州浙江两级师范学堂分初级和优级两部分，都是三年制。鲁迅在这里担任初级的化学和优级博物科的生理卫生教员，还兼动植物的翻译，因为该校教动物学和植物学的教员是两个不会讲中国话的日本人。从鲁迅的工作业务看，在学科领域均可划在生物学的范畴内，而要在生物学学科领域搞研究，便只能选择植物学。一者鲁迅从小喜欢花草，培养起了对植物学研究的兴趣；再者植物学研究的材料容易找到。研究植物学，读书固然很重要，但单看书本是远远不够的，还必须大量采集植物标本。所谓采集标本，实际上与搞社会科学研究搜集第一手资料的功能是相同的，也就是说它是对自然界的一种阅读，和对这种阅读的整理。具体地说是对各种植物的阅读和整理。而鲁迅当时在植物学研究方面所做的，正是对植物标本的采集、记录、保存等工作。

采集植物标本，只要走出家门，几乎遍地都是。节假日可以采，课余时间也可以采。鲁迅不仅自己采，还经常带学生到西湖附近的孤山、葛岭、灵隐寺等地去采集。据说他在杭州时曾有过撰写“西湖植物志”的打算，后因工作变动未能实现。鲁迅从杭州浙江两级师范学堂转到绍兴府学堂时，把他在杭州采集的植物标本全都带回来了。

到了绍兴府中学堂，鲁迅虽然既当监学又当教师，工作更忙了，但对采集植物标本的事不仅没有放弃，还更热心了。在学校里，他经常利用带学生出去的机会采些回来，而一旦到了节假日，他便与三弟周建人和家里雇工王鹤照一起到农村去采集，有一次一直走到离城三十里路程的吼山。为采集植物标本的需要，鲁迅还做了采制植物标本用的白铁筒，每当出发时，周建人和王鹤照两人各背一个白铁筒，并带两把铁铲。鲁迅自己则另外带些拓碑帖进行工作。

有一次，鲁迅等三人一起去会稽山禹陵，先在一座小山上采了两种植物，后来又攀上陡峭的山岩，采到一株叫“一叶兰”的稀有植物。还有一次，他们一起到镇塘殿观海潮，潮过雨霁，鲁迅见芦荡中有野菰，正开着紫花，就踏进泥塘，采了几株，皮肤也让芦叶划破了。鲁迅对这两件事曾专门写文记述下来，名曰《辛亥游录》，发表在《越社丛刊》上：

一

三月十八日，晴。出稽山门可六七里，至于禹祠。……折而右，为会稽山足。行里许，转左，达一小山。山不甚高，松杉骈立，朿木棘衣。更上则朿木亦渐少，仅见卉草，皆常品，获得二种。及巅，乃见绝壁起于足下，不可以进，伏瞰之，满被古苔，蒙茸如裘，中杂小华，五六成簇者可数十，积广约一丈。掇其近者，皆一叶一华，叶碧而华紫，世称一叶兰；名叶以数，名华以类也。微雨忽集，有樵人来，切问何作，庄语不能解，乃绐之曰：“求药”。更问：“何用？”曰：“可以长生。”“长生乌可以药得？”曰：“此吾之所以求耳。”遂同循山腰横径以降，凡山之纵径，升易而降难，则其腰必生横径，人不期而用之，介然成路，不荒秽焉。

二

八月十七日晨，以舟趣新步，昙而雨，亭午乃至，距东门可四十里也。泊沥海关前，关与沥海所隔江相对，离堤不一二十武，海在望中。……过午一时，潮乃自远海来，白作一线。已而益近，群舟动荡。倏及目前，高可四尺，中央如雪，近岸者挟泥而黄。……潮过雨霁，游步近郊，爰见芦荡中杂野菰，方作紫色华，劀得数本，芦叶伤肤，颇不易致。又得其大者一，欲移植之，然野菰托生芦根，一旦返土壤，不能自为养，必弗活矣。

此文可见鲁迅当年采集植物标本的认真。另从一份鲁迅当年采集植物标本的记录得知，仅在1910年3月这一个月，鲁迅就采集植物标本七十多种。今天，北京鲁迅博物馆还珍藏着鲁迅当年带领学生在孤山采集的几组植物标本的照片。

植物采回来后，还要经过一番琐细的制作过程。鲁迅很耐心，他首先把枝条剪成适当长短，夹在对折的报纸中间，同时夹入一张字条，写上植物的名称，以及采集地点和日期。然后放入木制的夹板里，用绳扎好，晾在太阳底下，干燥后标本就制成了。在植物分类上，当时盛行德国恩格勒的分类法，鲁迅也经常看恩格勒的分类表，有时也读丹麦植物学家怀尔的《植物系统》等著作。对照鉴别，取最先进的用之。

在植物学研究的过程中，鲁迅注重实践，通过阅读社会获取第一手资料，同时他也不放弃正宗的书本知识，在杭州和绍兴教学的两三年时间里，他又先后抄录了数十种与植物学有关的中国古籍，如《蜂衙小记》《燕子春秋》《记海错》《南方草木状》《桂海虞衡志》《释虫小记》《释草小记》《北户录》等。还从《说郛》中摘要抄校了有关动植物部分的内容，取名为《说郛录要》，其中包括竹谱、笋谱、菌谱、蟹谱、何首乌等几部分。并在手稿上，留下了多处认真校勘的字迹。

1911年，鲁迅又辑录了一部早已失传的、包含大量动植物学内容的古籍——《岭表录异》。该书为唐人刘恂所撰，记述了广东地区的风土物产、天文地理、草木鱼虫。前人评价为“记载博赡而文章古雅”。这部采摭丰繁的古书失传了多年。明代《说郛》中所载只有寥寥数页，还是从类书中抄出来的。宋代《太平寰宇记》《太平广记》《太平御览》等书中引录较多，但也遗漏不少。只有明《永乐大典》记有十之八九，较为详细。鲁迅博考文献，钩沉辑佚，从宋明各代典籍中辑录出了《岭表录异》。全书分上、中、下三卷。上卷四十一条，中卷四十一条，下卷四十二条。上卷主要记载广东地区的天文地理和风土人情；中卷大部分述说植物的生长特点及用途用法；下卷记有鱼、虾、螺、蟹、蛇、蝎、蚁、蚣。据统计，中、下卷共记述的动植物有百余种，足可以做研究考证的资料。故鲁迅才不惜时间、精力，将该书辑录为完整本。

1912年，鲁迅到教育部任职后，再没有担任过自然科学方面的教学任务，也没有工夫研究植物学了。他对植物标本的采集便因此停止，而将阅读社会的兴趣更多地集中在历史和现实方面。

阅读社会（二）：拓碑买古砖

历史本来可以从教科书中去阅读，但教科书中读到的历史是历史书，历史书是历史过去以后的人们所撰写的。这样要保留历史的原貌就比较困难了。要真正读到历史，而不是历史书，就只能去寻找当时人写当时事的碑刻和古砖。鲁迅刚刚步入社会（参加工作）的时候，在阅读自然的同时，也开始了对历史的阅读，这阅读的方式就是拓碑帖和买古砖。

绍兴原名会稽，不仅是浙江还是中国最古老的城市之一。相传上古时期，这里曾是大禹治水的落脚点，即使这是传说，全国也只此一处禹陵遗迹。到春秋战国时期，这里成了名副其实的越国的都城，越王勾践就是在这里卧薪尝胆、报仇雪耻的。秦始皇统一全国，划全国为三十六郡，绍兴即为三十六郡之一的会稽郡。两晋时期，绍兴（会稽）的制瓷工艺已经达到了很高的水平。到了唐代，越窑青瓷更是炉火纯青，以其瓷胎细洁、釉色晶莹、器形优美而闻名全国，产品远销亚欧许多国家。古人曾有“九秋风露越窑开，夺得千峰翠色来”的诗句，就是赞美越窑青瓷的。在我国陶瓷史上，绍兴陶瓷是我国中古时期南方窑系的典型代表，与当时北方邢州制瓷业在全国范围内各秀一枝。南宋时，高宗赵构泥马渡江，逃来绍兴，这里至今还保存着宋朝六个皇帝的陵墓——宋六陵。

由此看，绍兴在中国历史上意义重大，又有最具文化色彩的陶瓷业发达史，其文明历史之久远、文化蕴含之深厚，是不言而喻的。因此，绍兴的古迹自然不会少了。孔庙、禹陵、兰亭均有碑林，下方桥石佛寺、柯桥柯岩又有著名的古代石刻造像。这些古迹再配以江南水乡的风景，便有了“会稽境特多名山水”“山水之美，使人应接不暇”的赞叹。

据张能耿先生推断：“鲁迅在杭州浙江两级师范学堂教书时，同事中有一个是金石学家，彼此过从甚密，大概由此引起鲁迅对考古方面的兴趣。”[①]他把鲁迅拓碑买古砖看作考古研究，而且认为是因一位同事的影响而开始的。我却觉得青年鲁迅刚刚学成归国，有感于故乡历史的辉煌，像由对花草的兴趣引发对植物学的研究而开始采集植物标本、阅读

---

①《鲁迅的青少年时代》。

自然界一样，同时开始了对历史的阅读，即对地方史志第一手资料的搜集。总之，不管怎么说，鲁迅的拓碑帖和收集古砖的活动是从这时候开始的。正像北京鲁迅博物馆所编《俟堂专文杂集·后记》中所说："先生搜集古砖的动机很早，在绍兴老家时就开始采访，又有同好的赠予拓本。也是因为浙江的古代碑刻较少，而六朝古砖特多，所以当时引起他搜集古砖的特大兴趣。"

当时的绍兴街上，已经有了一些古物铺子，仓桥的那家古物铺，除经营古玩外，也卖古砖。地点离绍兴府中学堂很近，鲁迅常到那里去，一去便满载而归，成批地把古砖买回家来。在鲁迅的房子里，除书籍和植物标本外，就是四处堆放的碑帖和古砖了。

禹陵离城仅三公里，传说夏禹南巡会稽时死了，就葬在这里。秦始皇曾上会稽山祭奠过大禹，司马迁也曾到会稽探访过禹穴。陵边的禹庙，规模宏大，是明代建筑物。鲁迅在辑录《会稽郡故书杂集》时，搜集了许多大禹治水的传说。关于禹庙，也搜集了一条："会稽山在县东南。其上，石状似覆釜。禹梦玄夷仓水使者，却倚复釜之上是也。今禹庙在其下。秦始皇尝配食此庙。"此外，鲁迅还曾特地到禹陵窆石亭拓碑。后来，又曾写过一篇《会稽禹庙窆石考》，说："此石碣世称窆石，在会稽禹庙中，高虑俿尺八尺九寸，上端有穿，径八寸五分，篆书三行在穿右下。平氏《绍兴志》

云：‘康熙初张希良以意属读，得二十九字，寻其隅角，当为五行，行二十六字。’”

为了拓碑，鲁迅又曾多次到兰亭去。兰亭在绍兴西南十五公里的兰渚山下，相传春秋战国时期是越王勾践种兰花的地方，有一亭，叫“兰亭”，另有一块石碑，碑上有王羲之写的“鹅池”两个大字。据有关记载，公元353年3月3日，晋代著名书法艺术家王羲之和一班文学家在兰亭集会，饮酒赋诗，王羲之写了一篇兰亭雅集的诗序，共二十八行，三百二十四字，里面不同的字都用不同的笔法来写，后来成为书法艺术史上的一篇名作。兰亭保留的碑刻主要是这方面的，鲁迅所拓的也是这些。王羲之在《兰亭集序》里描写兰亭风景和集会盛况时说：“此地有崇山峻岭，茂林修竹，又有清流激湍，映带左右，引以为流觞曲水，列坐其次，虽无丝竹管弦之盛，一觞一咏，亦足以畅叙幽情。”后来兰亭便因此而成了一处景观。

鲁迅到兰亭去的时候，常乘乌篷船，出偏门经鉴湖到娄宫镇上岸，然后去兰亭。这条路古称山阴道，是我国历史上著名的风景区。鲁迅在散文诗《好的故事》中所记述的种种美好景象，就来自这条山阴道上。其中说：“记得曾坐小船经过山阴道，两岸的乌桕，新禾，野花，鸡，狗，丛树和枯树，茅屋，塔，伽蓝，农夫和村妇，村女，晒着的衣裳，和尚，蓑笠，天，云，竹，……都倒影在澄碧的小河中，随着每一打桨，各各夹带了闪烁的日光，并水里的萍藻游鱼，一同荡漾。……”鲁迅还说，在绍兴“凡是我所经过的河，都是如此”。

从娄宫到兰亭还有十里旱路。第一次去的时候，鲁迅是到岸上一家店里租了驴子骑着去的，由王鹤照陪着。参观了“鹅池”石碑，游览了“右军祠”“墨池”“御碑亭”等胜迹，便开始拓碑。王鹤照不会拓，鲁迅便教他，先用连史纸铺在碑上，再用墨轻轻刷几下，就拓下来了。

散存在绍兴禹陵、兰亭、孔庙等处的碑刻，有的是汉代石经，有的是名人手迹和题咏，还有较为有价值的三块碑刻：一是《会稽石刻》，此碑是秦始皇到会稽时刻在秦望山上的，碑文是丞相李斯的篆文，记述秦始皇统一全国的历史功绩。司马迁的《史记》中，曾把此碑文抄下记入了《秦始皇本纪》中；二是《唐刻佛顶尊圣陀罗尼经幢》；三是《元代临海王烈妇碑》。这些鲁迅都一一拓过。鲁迅还到石佛寺、柯岩等处拓过碑。总之，在绍兴，凡可拓的碑文，鲁迅几乎都拓了。

鲁迅拓碑和搜集碑帖的兴趣，一直延续了好多年。在北京教育部供职时，除经常到琉璃厂搜购墓砖拓本和碑帖外，同事如到外地出差，一定恳托代为搜集。他曾写过山东全省碑刻的地址，又曾将梁武帝祠石刻，绘了全图，以便托人拓寄。这项工作直到20世纪20年代初才基本结束。1924

年他把自己多年搜集的古砖拓本，整理成《俟堂专文杂集》（“专文”即指“砖文”），借此对古砖搜集工作，告一段落。另外，他还编了《六朝墓名目录》《六朝造像目录》《汉画像目录》《石刻目录》《唐泉》《唐造像目录》等。

由此看，鲁迅搜集古砖拓本和碑刻拓片，重在整理和阅读，虽然他也写过一两篇考证文字。如果说他的目的是考古，那么他会一直考下去的。但他没有这样，他只做了归类整理，是供收藏，还是供阅读，抑或二者兼而有之？不管怎么说，这项工作对他增进知识，贮藏历史信息，以至全面提高自身的文化素质和涵养，均大有裨益。

阅读社会（三）：投身辛亥革命

刚刚步入社会的青年鲁迅，浑身似乎有使不完的劲。他的正式身份是教师，但他却能挤出大量时间阅读自然，采集植物标本；阅读历史，拓碑帖搜集古砖；而更不放弃对现实的阅读，特别是辛亥革命前后，他几乎是全身心地投入到这场革命斗争中了。

1911年10月10日，由革命党人领导的武昌起义成功后，全国各省相继宣布独立。11月4日浙江宣布独立，杭州光复。消息很快传到了绍兴，鲁迅听了感到非常高兴，"志在光复"的宏愿现在终于实现了。接着便是绍兴也突然宣布光复，这让鲁迅觉得有点意外。因为鲁迅听到其他处的光复都是革命党人通过武装起义夺取了政权，而绍兴则是府衙内的原班人马仅仅打出了"咸与维新"的旗号，便宣布光复了。

第二天，鲁迅留日时的同学，老朋友范爱农上城来，找到鲁迅，脸上露出从来没有过的笑容对鲁迅说："老周，我们今天不喝酒了。我们要去看看光复的绍兴。我们同去。"于是两人在街上走了一通，结果是失望比希望来得还要迅速。街上虽然遍插白旗，但也仅此而已。鲁迅感慨地说，虽然经历了一次革命，但内骨子是依旧的，军政府仍由几个旧乡绅所组成，什么铁路股东是行政司长，钱店掌柜是军械司长，"带兵也还是原来的把总"……而且更让鲁迅感到不快的是过去曾竭力反对革命的地主乡绅也都把辫子盘在头上，打出了革命的招牌，特别是原来杀害秋瑾的主谋章介眉，现在摇身一变，竟成了原知府改名为新府长的陈赞清的治安科长。当然也有些新进的革命党，他们大都是主持会党的人物，与只改了名堂的旧派人物在"光复易帜"问题上展开过激烈的争论。据当时报纸报道：新派力主易帜，但还担心清政府死灰复燃，一旦重新掌握省内大权，于自己必然不利；而旧派虽表示附和新派意见，但由于旧派人物大都与当年杀害秋瑾、徐锡麟有关，并听说徐、秋同道王金发得势，唯恐他来绍报复。争论的结果是清王朝的没落已不可挽回，大家只好赞成"光复易帜，实行共和"。

当时绍兴革命派的真正代表是越社，他们出于对"旧乡绅组织的军政府"和新进的革命党的极度不满，在开元寺召开了迎接革命到来的大会，到会者越社社员和绍兴府中学、山会师范两校师生共一百多人。会议公举鲁迅担任主席，鲁迅欣然应允，并站到一条矮凳上发表了讲话。他提议马上组织讲演团，分赴各地去演说，向群众阐明革命的意义，并因势利导，广泛发动群众；关于武装问题，他认为革命时期武装是必要的，连同讲演团也应该武装，只要有了武装，就有了抵抗反革命者的力量。他的提议，得到了大家的一致赞成。

这时绍兴府衙已被新的军政府所代替，但新的革命军队还没有进城，治安一片混乱。一天鲁迅从大街上往回走，只见许多店铺关门，行人慌张，纷纷传说“清兵杀过来了”。鲁迅认为这所谓“来了”纯属谣言，可能是有人在专门制造混乱，必须马上组织一次武装游行，宣传事实真相，安定人心。恰好绍兴府中学还有二三十个愿为革命效力的学生没有回家，鲁迅便马上将他们组成武装演说队，到街上去宣传，内容是杭州的府台衙门已被革命军占领，旗营兵都已缴械，因此不可能有清兵来绍兴骚扰的事。

为了搞好这次宣传，鲁迅让学生穿了整齐的操衣，并将大刀和几十支供体操用的俄式步枪分发给学生。出发前，校长沈步洲却对学生们说：“我劝你们不要出去，出去后受了伤，我没法向你们家里交代。”学生们坚定地回答说：“我们自己负责。”鲁迅举起一把钢刀鼓励学生们说：“遇到万一，这把钢刀准能砍杀几下的。”当一位学生队长问：“万一有人阻拦怎么办？”鲁迅厉声回答说：“你手上的指挥刀是做什么用的！”在鲁迅的带领下，武装演说队穿着操衣，敲着洋鼓，拿着武器出发到大街上进行宣传。店员及市民三五成群地围看演说队散发的传单，人心立刻安定下来了。等他们回到学校的时候，天已黑了。一位吹号的学生连喉咙都吹哑了，他叫宋崇厚，此前他曾请假要回家去，鲁迅说：“你慌了吗？如果慌了就回去。”他终于没有回去，而且在宣传队中表现很积极。直到晚年，鲁迅每当提起此事，还感觉那么新鲜和饶有兴趣。

此事过后，校长沈步洲辞了职，学生们一致要求鲁迅主持学校工作，鲁迅再次给他们支持。他提议让学生派代表赶赴杭州，请革命军尽快进驻绍兴，以便组织真正的新政府。在学生们的请求下，曾在杭州光复过程中起过主要作用的王金发准备要来绍兴了。

11月9日，有人告诉鲁迅，说王金发的军队当晚可到绍兴，提请鲁迅组织学生去迎接。鲁迅当即表示同意。晚饭后，绍兴府中学学生全校总动员，敲着洋鼓，吹着洋号，出西廓门外去迎接王金发的革命军。然而，等了半夜，还不见队伍来，大家既饿又冷，在临近街道上，敲开几家店门，买了鸡蛋，烧了开水，取暖充饥。这时有人报信说队伍因为来不及开拔，要到明天才能来。大家这才散去，说好第二天再去迎接。

11月10日傍晚，欢迎的人群，在皎洁的月光下，列队河边，等待着革命军的到来。正在盼望间，远远传来枪声，不多时，十三只白篷大船开过来，船上满载着士兵。船一靠岸，绍兴光复后的新府官陈赞清就飞奔过去迎接，竭力表现他对革命军的欢迎。但第二天，王金发就解散了以陈赞清为首的旧乡绅军政府，成立了以他自己为首的绍兴军政分府，并下令全城剪辮。

这一天，鲁迅和范爱农都很高兴，决定去见王金发。鲁迅和范爱农在日本留学时，王金发也曾两次到过日本，因为都是革命党，当时他们就有过交往。鲁迅说他曾与山贼一起吃过饭，指的就是与王金发一块吃饭的事。而范爱农与王金发同出身于农民家庭，当时就曾一块称兄道弟过。这次去了，见王金发的头发剃得精光，范爱农摸着王金发的头说："金发大哥欸，你做都督哉！"弄得这位已经做了绍兴府军政长官的"山贼"很有点不好意思。不久，王金发主持在绍兴城里召开了群众大会，声明这次回绍兴来（他本人是绍兴府人）是为了维持秩序，以后还要北伐。还说他不愿意独断专行，有事要和大家商量。此后，他又发布了安民布告，公祭了革命先烈，还限令米商出售平价米，"以恤穷黎"。并没收了几个最反动的地主的田产，拨作徐祠（徐锡麟祠）、秋社（秋瑾祠社）的祭产。为了给先烈报仇，王金发镇压了曾经残害过革命党人的恶霸劣绅五十余人，章介眉也被抓了起来。

鲁迅被任命为山会师范学堂的监督（即校长），并拨款二百元。鲁迅又聘请范爱农为本校监学（教务长），准备在这里大干一番。可是王金发后来却变了样。鲁迅后来在《这个与那个》一文中说：“民元革命时候，我在S城，来了一个都督。他虽然也出身绿林大学，未尝‘读经’，但倒是还算顾全大局，听舆论的，可是自绅士以至于庶民，又用了祖传的捧法群起而捧之了。这个拜会，那个恭维，今天送衣料，明天送翅席，捧得他连自己也忘其所以，结果是渐渐变成老官僚一样，动手刮地皮。”这说的就是王金发，王金发后来便蜕化为与反革命势力暗中妥协的王都督。

对于王金发的蜕化变质和与反革命势力的妥协，鲁迅曾在越社办的《越铎日报》上进行过针锋相对的揭露和批判。不久有人传说王金发要杀鲁迅了。鲁迅说：“这是威胁，我想他也不敢。”后来王金发还又给山会师范学堂拨了二百元经费。但拨这经费的动机却不是兴教，而是按住鲁迅的口，不让鲁迅再写文章骂他。并给鲁迅捎话说，以后再不给拨经费了。

绍兴府由于王金发蜕化及与反革命势力的妥协，终于又渐渐地回到了原来的样子。山会师范则因王金发不再拨给经费终于无法维持，鲁迅在学校只剩下一角多经费的情况下辞了职。这便是鲁迅“志在光复”的宏愿终于实现，又终于化为泡影的全过程，也是鲁迅刚刚步入社会之后阅读到的残酷无情，而又不以人的意志为转移的现实。

辑录名德

把读书变成抄书，把抄书看成读书，是鲁迅从小养成的读书习惯。鲁迅最早抄《康熙字典》目的是为了认字。后来抄写家里没有而又是自己所喜爱的书，如记述花草的一些书。再后来是从大型类书或大型笔记之类的书中抄录自己所喜爱的部分内容，这便多少带上了一点辑录和研究的习气，比如他从各种笔记类书中辑录《岭表录异》就是一例。然而鲁迅有目的有计划地搞辑录工作，是从辑录《会稽郡故书杂集》开始的。

鲁迅在《会稽郡故书杂集·序》中说："幼时，尝见武威张澍所辑书，于凉土文献，撰集甚众。笃恭乡里，尚此之谓。而会稽故籍，零落至今，未闻后贤为之纲纪。乃创就所见书传，刺取遗篇，累为一帙。"意思是说他幼年时，曾看到过武威张澍辑录的大量记载西凉地区风土人物的典籍文献，为本乡人尽了一个读书人的义务和责任。而会稽郡也有许多记载乡土人文历史舆地的古籍，散落在各种史书里，后人都没有做过整理，而他自己则有感于张澍所为，也想为乡人完成这项工作。

张澍，清代甘肃武威人，嘉庆年间进士，所辑“二酉堂丛书”，辑录唐代以前凉州地区人的著作及该地区地理典籍，共二十一种，三十卷。“二酉堂丛书”正是鲁迅幼时所购买的非常心爱的一部丛书。从张澍这里受到启发后，鲁迅便萌生了辑录会稽人所撰写的记录会稽地区风土人物著作的念头。因为那时鲁迅就知道会稽人谢承、虞预曾撰写过这方面的著作。然而他在去日本留学前却又从另外的书上得知谢承、虞预等人的著作，有对乡里先辈夸饰之嫌。如唐代刘知几就曾在《史通·杂述》中批评虞预的《会稽典录》说：“矜其乡贤，美其邦族，施于本国，颇得流行，置于他方，罕闻爱异。”清代沈钦韩也批评谢承在《后汉书》中对会稽先贤王充的记载“本多虚诬，而充其乡里先辈，务欲矜夸，不知其乖谬也”。到了日本，鲁迅便很少阅览中国古书。于是，幼年这个想法也暂时搁浅了。

1909年，鲁迅从日本回到故乡绍兴，看到大禹、勾践等越人先贤的遗迹尚在，而乡人却对这些本可值得骄傲的遗产并无珍惜眷念之意，更谈不上去夸耀。于是，鲁迅再次萌生了辑录这些书的念头。他认为，古时作者之所以要撰写这些著作，就是为了“叙述名德，著其贤能，记注陵泉，传其典实，使后人穆然有思古之情”。而这些著作现在大多都散佚了，但其逸文还可以从古史中“考见一二”，因而把它们辑录出来，不使其“泯绝”，也不枉为故乡读书人。

当鲁迅决定要搞这项工作的时候，又给许寿裳去了一信，信中说：“迩又拟立一社，集资刊越先正著述，次第流布，已得同志数人，亦是蚊子负山之业，然此蚊不自量力之勇，亦尚可嘉。若得成立，当更以闻。”鲁迅辑录刊行此书而计划组织的什么社是否正式成立，现在已无从查考，但《会稽郡故书杂集》的辑录工作，则是从这时候开始扎扎实实地展开了。

《会稽郡故书杂集》辑录的是绍兴地区秦汉以前的史地、风情、人物等有关方面的逸文著作，它包括谢承《会稽先贤传》、虞预《会稽典录》、钟离岫《会稽后贤传记》、贺氏《会稽先贤像赞》、朱育《会稽土地记》、贺循《会稽记》、孔灵符《会稽记》和夏侯曾先《会稽地志》等八种。前四种记载古代会稽即绍兴地区的人物事迹，后四种记载古代会稽的山川地理、名胜传说。所录逸文大都录自唐宋类书及其他史书古籍，计有《隋书·经籍志》《新唐书·艺文志》《旧唐书·经籍志》《补三国艺文志》《御览》《三国志》《后汉书》《晋书》《宋史》《通志·氏族略》《元和姓纂》《旧唐志》《北堂书钞》《世说新语》《宋书》《艺文类聚》《太平寰宇记》等，还有大量地方志。

由此可见辑录此书所阅览史书之多、工作量之大。当该书辑录完成后，名字却署的是周作人。在鲁迅看来，重要的不是名誉，而是书中所记“贤俊之名，言行之迹，风土之美”，能够给乡人提供楷范，让乡人永远不忘故乡之美，才是最重要的。

在辑录《会稽郡故书杂集》的同时，鲁迅还对唐以后绍兴人的著作进行过整理，并写出了一个宋、元、明、清时期的《旧绍兴八县乡人著作目录》。旧绍兴八县包括山阴、会稽、诸暨、萧山、嵊县、新昌、上虞、余姚；乡人中包括陆佃、陆游、赵㧑谦、张介宾、王冕等五十四人的著作共八十多种，《越绝书》《剡录》《景岳全书》等均在其中。鲁迅少年时代，几个庸医延误了他父亲的病，使他对中医产生过“私怨”和成见。但这时他对中医的看法有所改变了，他编的这个“乡人著作目录”中，就包括了张介宾及其《景岳全书》。张介宾，明代山阴人，是我国16世纪的杰出医学家，他以四十年时间写成了《景岳全书》六十四卷，采药味三百余种，篇幅达数十万言，是我国古代的重要医学文献之一。

当然，鲁迅对于乡人著作也并不是一概都加肯定。他对清末时期绍兴的李越缦，就有批评。他说：“《越缦堂日记》近来已极风行了，我看了却总觉得他每次要留给我一点很不舒服的东西。为什么呢？一是钞上谕。大概是受了何焯的故事的影响的，他提防有一天要蒙‘御览’。二是许多墨涂。写了尚且涂去，该有许多不写的罢？三是早给人家看，钞，自以为一部著作了。我觉得从中看不见李慈铭（越缦）的心，却时时看到一些做作，仿佛受了欺骗。翻翻一部小说，虽是荒唐，浅陋，不合理，倒从来不起这样的感觉的。”①

倾心辑录，客观评说，叙述先贤名德，彰显山水胜迹，本是鲁迅辑录《会稽郡故书杂集》的最初愿望。而当此书辑成之后，鲁迅的名德也便录在了其中，成了会稽后辈中的贤能。

---

①《怎么写——夜记之一》。

六千张字条

在辑录《会稽郡故书杂集》的同时，鲁迅还完成了《古小说钩沉》一书的辑录工作。人们都知道鲁迅是小说家，但同时也是小说史学家。他的《中国小说史略》是中国第一部倡言小说的史学专著。该书出版于1923年，但准备工作却在十多年前辑录《古小说钩沉》时便开始了。

不过，鲁迅最初辑录《古小说钩沉》，目的还不是为撰写《中国小说史略》。鲁迅在《古小说钩沉》的序言中说："余少喜披览古说，或见伪敚，则取证类书，偶会逸文，辄亦写出。"可见最初的起因有三：一、少年时爱看古代的野史笔记等类书；二、爱订正讹误之说；三、订正讹误，须博览群书，博览过程中如遇到逸文逸事之类，便顺便抄录出来。这主要谈他小时候的读书兴趣与辑录《古小说钩沉》

的渊源关系。《古小说钩沉》的具体辑录时间是1909年至1911年，其序言发表于1912年2月刊行的《越社丛刊》第一集。即使在这时有意识有目的的辑录过程中，鲁迅仍无写小说史的打算。他说："惜此旧籍，弥益零落，又虑后此闲暇者鲜，爰更比辑，并校定昔人集本，合得如干种，名曰《古小说钩沉》。归魂故书，即以自求说释，而为谈大道者言，乃曰：稗官职志，将同古'采诗之官，王者所以观风俗知得失'矣。"因为鲁迅在日本时曾下定决心要从事文艺运动，对小说也有了自己的认识，所以这时辑录古小说，其意在于"归魂故书""自求说释"；同时对社会亦会有所裨益，即"所以观风俗知得失"。

《古小说钩沉》中辑录有从周代至隋代小说共三十六种，篇目有《青史子》《裴子语林》《郭子》《笑林》《俗说》《小说》《水饰》《列异传》《古异传》《齐谐记》《幽明录》《玄中记》《妒记》《异闻记》《郭季产集异记》《冥祥记》《宣验记》《集灵记》《述异记》《神怪录》《续异记》《录异传》《祥异记》《杂鬼神志怪》《旌异记》等。这些小说在各朝代正史艺文志中均有存目，但本文却都已散佚，间或在各种杂书、类书、野史、笔记中可见一星半点。鲁迅的辑录实际上就是对这一星半点的逸文的搜集、抄录和整理，这真有点"大海捞针"的味道。如鲁迅在《中国小说史略》中谈到《裴子语林》时说："晋隆和中，有处士河东裴启，撰汉魏以来迄于同时言语应对之可称者，谓之《语林》，时颇盛行，以记谢安语不实，为安所诋，书遂废。后仍时有，凡十卷，至隋而亡，然群书中亦常见其遗文也。”而鲁迅正是在这“群书中”辑得《语林》“遗文”一百八十事。那么这里的群书指的是些什么书呢？以《古小说钩沉》中《笑林》一种为例：《笑林》“遗文共二十余事”，郑振铎在《鲁迅先生的辑佚工作》中说：“先生所辑多出《类聚杂说》十，《续谈助》四，《绀珠集》十三，三事。”这意思是说仅辑录《笑林》一种，就得披览《类聚杂说》《续谈助》《绀珠集》等数种类书，同时还要读正史中有关作者的事迹。《笑林》作者邯郸淳为后汉人，但《后汉书》和《三国志》中均未单独列传，他的事迹散见于《曹娥传》和《王粲传》中，那么，这两种传也就成了辑录过程中的必读之物。

鲁迅在辑录《古小说钩沉》过程中，究竟读了多少书，谁都说不清楚。但他的同时代人却知道他在浙江两级师范学堂时，常跑到大方伯的浙江图书馆借阅图书。回到故乡后，他又从绍兴府中学堂的图书馆中借阅古籍。据说，他的阅读和校辑，常是在家里小堂前的一张八仙桌上进行。鲁迅从杭州回到绍兴后，曾给许寿裳写信谈及他回绍后的情况时说：“仆荒落殆尽，手不触书，惟搜采植物，不殊曩日，又翻类书，荟集古逸书数种，此非求学，以代醇酒妇人者也。”尽管鲁迅在辑录过程中，还把此项工作看作无可奈何的作为，但在具体操作过程中，他还是极认真的。

鲁迅在阅读类书时，常将有关资料认真地抄录下来，然后订讹补缺，辨伪还真，使散逸的旧籍成为一个新的整体。这类字条现在还在有关博物馆里存有千余张，是鲁迅坚韧刻苦地博览群书的生动见证。由于抄录的时间、地点不同，字条的大小、宽狭、长短，甚至纸张的颜色也不一样。但可惜的是这些字条大部分都已散失，据有关人士考实，鲁迅从各种不同“类书”中抄录的大小字条当在六千张以上。《古小说钩沉》中所辑录的三十六种小说，就是从他抄录的六千多张字条的资料中经过精选而成的。据说仅就这个精选过程，也是十分艰苦的。首先要对大大小小每一张字条进行分类整理，然后重新誊清，最后集中起来装订成誊清本。如誊清本完成后还有新获得的内容，便再补充进去，再重新誊清。现在，这种誊清本还保存有厚厚十大本。

《古小说钩沉》成书很早，但出版却很迟。1915年《会稽郡故书杂集》在绍兴刻印出版后，鲁迅曾想把《古小说钩沉》也一并刻印出版，但由于经费问题，未能如愿。1926年鲁迅在厦门大学执教时，学校当局问他有什么著作可以出版，学校准备印行，鲁迅把《古小说钩沉》及其他几本古小说辑录书稿拿出，学校却又没有了下文。有人提议让鲁迅拿给北新社印行，鲁迅因担心书出版后不能畅销而导致出版社亏本，谢绝了提议者的好意。结果是鲁迅通过亲手抄录的六千多张字条精选而成的《古小说钩沉》，终于未能在他有生之年看到正式出版的成品。

郑振铎说："在鲁迅先生的辑佚工作里，《古小说钩沉》最为重要，却可惜是未完成之作，虽经写定清本，却未及著作序跋，说明每一部辑出古佚书的作者及原书卷帙，搜集经过，像他在《会稽郡故书杂集》所著的序跋一样。这是我们所最引为遗憾的；因为没有了这些序跋，便不易见出他艰苦搜集的经过。"①关于序跋问题，孔嘉（即台静农）在《鲁迅先生整理中国古文学之成绩》中也说："这实在是一件憾事，不能看见先生的序文。""先生逝世之次年春，在先生寓中，景宋夫人示以是辑手稿，见每种前皆留空白纸数页，原为抄入序文而设，不幸先生终未及执笔也。"

不过，《古小说钩沉》尽管在鲁迅在世时没能正式出版，发表在1912年《越社丛书》上的序文也未能及时与广大读者见面，但这项工作本身却为鲁迅以后的中国小说史研究奠定了基础，那凝结着鲁迅无数心血的六千多张字条，也有了间接印证其价值的成品——《中国小说史略》；而且，1938年鲁迅逝世后编辑出版鲁迅全集时，《古小说钩沉》终于收入全集正式出版了，这当是鲁迅在天之灵应该感到欣慰的。

---

①《鲁迅的辑佚工作》。

“无日不在忧患中”

鲁迅亲身经历了颇为“滑稽”的绍兴的辛亥革命，在无奈中辞去了山会师范监督一职，准备到上海一家书店去当编辑。书店寄来一页德文，让他翻译了拿去看看，这是在考他。鲁迅思量半天后，决定应考。于是他很快译好德文，向上海寄去。可就在这个时候，他却连续接到许寿裳的两封信，让他到南京新成立的教育部去工作。此事，范爱农也很赞成，但颇凄凉，他对鲁迅说：“这里又是那样，住不得。你快去吧……”鲁迅说：“我懂得他无声的话，决计往南京。”①

1912年元旦，代替清政府的革命临时政府在南京成立，公推孙中山为临时大总统，孙中山任命蔡元培为教育部总

①《朝花夕拾》。

长，景耀月为次长，另配了一名会计，教育部就算成立了。蔡元培通过私人关系邀请蒋维乔做秘书长，许寿裳做部员。许寿裳又向蔡元培推荐鲁迅，蔡元培高兴地说："我久慕其名，正拟驰函延请，现在就托先生代函，敦劝早日来京。"

鲁迅到教育部的时间约在1912年2月底，最初去了之后，大家一律都称部员，经济上除了供给膳宿之外，每人每月还发给三十元由财政部临时发行的"军用券"，作为生活补贴费。具体分工是许寿裳主要草拟各种规章文件，鲁迅侧重于筹划社会教育，如宣传革命形势、筹建中央图书馆、计划出刊《文教》杂志等。他与许寿裳白天"同桌办公"，晚上"联席共话"。谈到绍兴革命后的情景，鲁迅认为多属滑稽之事。闲暇时，他们一起到南京龙蟠里的国学图书馆去借阅图书。那里藏书丰富，在当时是国内最大的图书馆之一。鲁迅在这里借得一部《沈下贤集》，从中抄录了《湘中怨辞》《异梦录》《秦梦记》等传奇故事，《唐宋传奇集》的辑录工作由此发端。

鲁迅从绍兴来到南京，环境变了，心情也变了，他后来说："说起民元的事来，……当时我也在南京教育部，觉得中国将来很有希望。自然，那时恶劣分子固然也有的，然而他总失败。"就在鲁迅满怀希望和信心的时候，袁世凯篡夺了革命的胜利果实，窃取了临时大总统职位，并且逼迫南京临时政府全迁北京，教育部当不例外。5月初，鲁迅和许寿裳同回家乡探亲后，从绍兴出发北上。路过上海登轮之前，鲁迅特意买了一部有正书局出版的《红楼梦》，以备在轮船上翻阅，他对读书简直不放过任何机会。

到北京后，鲁迅住在山会邑馆，即鲁迅所说的S会馆。许寿裳的兄长许伯铭已在此住，于是许家兄弟同居一室，鲁迅另住一室。鲁迅与许伯铭一见如故，很能谈得来，见伯铭桌上放着《越中先贤祠目序列》多册，便借了一册去夜间翻看。由于长途劳累，鲁迅休息后似觉感冒发热，但第二天就到部内视事。其时正是袁世凯酝酿全面篡夺革命胜利果实的时候，教育部实际处于无事可视的状态中。于是原本对革命充满信心的鲁迅，渐渐觉得有些失望了。他在日记中写道：到部视事，“枯坐终日，极无聊赖”。然而，一直继续着“极无聊赖”的工作，也使鲁迅有了大量阅读书籍的闲暇。他很快就读了《中国名画集》《李太白集》《京畿金石考》《世说新语》《草堂诗余》《谢承后汉书》《长短集》等。由于鲁迅涉猎广泛，教育部分工时，鲁迅被正式分在社会教育司任佥事。为响应蔡元培总长提出的以美育代替宗教的倡议，鲁迅奉命做了数次“美术略论”的讲演。但当蔡元培于7月辞职后，提倡美育的事随之销声匿迹。

鲁迅每到一处，总爱留心当地的风土人情和历史掌故，1912年6月，他专门从图书馆借了《庚子日记》二册来阅览，“读之，文不雅驯，又多讹夺，皆记‘拳匪’事”。鲁迅从文字的“不雅驯”，内容的“多讹夺”，以及将曾勇敢反对过帝国主义的义和团称为“拳匪”等方面，看出了该书所记内容之不实，于是为探讨真相，又向曾目睹过当时情状的同事和友人了解情况，但由于被询问的人思想认识有局限性，事实真相一时竟没有弄清，留下了一个小小的遗憾。

接着，更大的遗憾和意想不到的事情接踵而至。1912年7月，蔡元培兼容并蓄的新思想不能见容于袁世凯的北洋政府，宣告辞职，继任者竟是曾任海军总长的刘冠雄，一个不懂教育的外行。次长不愿与其合作宣告辞职，而刘总长也于1913年5月被迫辞了职。再继任者是汪大燮，汪总长刚上任就演出了一幕复古的丑剧，鲁迅在日记中说：“昨汪总长令部员往国子监，且须跪拜，众已哗然。晨七时往视之，则至者仅三四十人，或跪或立，或旁立而笑，钱念劬又从旁大声而骂，顷刻间便草率了事，真一笑话。”

教育部的怪状，使鲁迅颇感抑郁，甚至忧虑。在袁世凯即将正式举行大总统就任仪式前，鲁迅在日记中写道：“夜抄《石屏集》卷第三毕，计二十页。写书时头眩手战，似神经又病矣。无日不处忧患中，可哀也。”这是鲁迅1913年10月1日的日记。从1912年5月到1913年10月，还不到一年半时间，鲁迅便在京城的国家首脑机关内在各种意想不到的怪事件刺激下，抑郁成疾，病情连发，“无日不处忧患中”了。本来鲁迅进京时刚过而立之年，身体是不应该有问题的。但由于“无日不处忧患中”，所以折磨得他经常

“胃痛”“神经亢奋”“头脑岑岑然”“齿痛”“头痛身热”“咳嗽”……几乎各种疾病都来“光顾”了。在1913年的日记中，1、2、3、5、8、10、11、12各月中都有害病的记载。据许广平分析，这些疾病往往是“互相关联的，如用脑多的人，易患牙周炎”，“多构思则血集于脑，牙患也影响于消化，而消化力弱了，则就影响到整个身体健康”。她认为，“鲁迅的胃病，大概是因忧思过多”所致，而“消化不良也是原因之一”[①]。

这期间，鲁迅虽然疾病缠身，但他对病痛一般是不理会的，他有自己特殊的对付病痛的办法。如他在日记中这样写道：“晨头痛，与齐寿山闲话良久，始愈。”又：“晚首重鼻窒似感冒，蒙被卧良久，顿愈，仍起阅书。”即使有时确实由于有病不能到部内办公，他也在自己的寓所阅读和抄写。阅读和抄写既是他转移病痛注意力的方法，也是他排遣“忧患”的方法。鲁迅除了办公，剩余的时间，几乎全部用在购书、读书、抄书上了。在1912年的年底，鲁迅在书账后非常感慨地写道：

> 审自五月至年莫，凡八月间而购书百六十余元，然无善本。京师视古籍为骨董，唯大力者能致之耳。今人处世不必读书，而我辈复无购书之力，尚复月掷二十余

---

①《鲁迅回忆录》。

金，收拾破书数册而自怡说，亦可笑叹人也。

在当时“视古籍为骨董”“处世不必读书”的环境里，鲁迅以“收拾破书数册以自怡说”来自况，显然流露出内心的无尽凄苦。但他并不自弃，由于没有雄厚的经济实力来购买被视为古董的古籍善本，他便借来抄写。在他的日记中可以看出，他常常是抄完一本接着又抄一本，有时几本同时抄写。如1913年3月5日的日记：“夜大风，写《谢承后汉书》始。”3月27日日记：“夜风，写《谢承后汉书》毕，共六卷，约十余万字。”又3月29日日记：“夜写定《虞预晋书》集本。”从这一年的9月至12月，他花了整整八十天的时间，抄写了《石屏集》序目和《石屏集》十卷，同时还抄写并校勘了《嵇康集》。抄书且如此之多，至于读书就更多更广泛了，诸如诗话、杂著、画谱、笔记、丛书、尺牍、史书、汇刊、墓志、碑帖，等等，几乎凡是书，他什么都读。

1913年3月16日，鲁迅对他来京近一年时间所购之书进行了整理，毕后写道：“下午整理书籍，已满两架，置此何事，殊自笑叹也。”鲁迅一面购书，一面读书，一面抄书，一面又笑叹自己对书的酷嗜。这究竟是一种什么心态呢？这便是他阅读了自下而上的“辛亥革命”这本现实的书以后，被“大毒蛇”所缠而又无法摆脱的自嘲自谑。那么，他将如何走出这种困境呢？或许这就是他读佛经的原因。

S会馆（一）：读佛经

鲁迅从南京一到北京，就住进了S会馆。所谓会馆就是来北京应考者的公寓，有些候补官也住。S会馆的原名叫山会邑馆，是山阴、会稽两县的会馆。清末废除府制，将山、会两县合并为绍兴县，山会邑馆同时改名为绍兴县馆。但是绍兴的很多人并不喜欢这个名称，理由有三：第一，不够古雅，越起于三代，会稽也在秦汉，绍兴之名则是南宋才有的；第二，小康王南渡偷安，还要摆阔用吉祥字眼做年号，妄意改换地名，是很可笑的；第三，俗语称“麻雀豆腐绍兴人”，意思是三者到处都有，实际是绍兴人被人厌恶的说法，特别在北方，绍兴人是很不受人欢迎的，因此很多绍兴人不愿意称自己是绍兴人。鲁迅便是其中之一，他写籍贯，一般只写浙江，而一旦提到绍兴县馆，便用S会馆来代替。

S会馆在北京宣武门外南半截胡同，这是一个让人生畏的地方，因为胡同出口处，便是清朝时杀人的地方——菜市口，戊戌政变时杀“六君子”，义和团起事时杀“三忠”和其他难民，都是在这地方。但民国以后，这里不再杀人了，所以也还清净。会馆内有许多房屋，什么嘉荫堂、绿竹舫、仰蕺堂，等等。鲁迅最初住的房屋叫藤花馆，读佛经就是在藤花馆的事。

大约是为了摆脱“无日不在忧患中”的苦闷，从1914年夏天开始，鲁迅读起了佛经。鲁迅最初在什么时候对佛经产生了兴趣，现已无从查考，但在日本时的两件事却应该提说。其一是1906年鲁迅从仙台回到东京后，一边研究文学，一边学德文。他有一个朋友叫蒯若木，经常来鲁迅寓所，一来便大谈佛法。一次他对鲁迅说：“你还是先学佛法，学成之后自有神通，其中最明显的是他心通，那时什么外国语都自然能够通解了。”鲁迅虽然经常和他一块闲谈，但当时似乎并没有接受他的鼓动和说教。不过内心里是否受了影响，就不得而知了。

其二与章太炎先生有关。鲁迅是佩服太炎先生的，太炎先生虽然是革命者，但他那时却主张用佛学救国，即有用佛教来代替儒学的意思。那时太炎先生为了扩展他的佛学救国思想，曾托龚味荪给周作人拿来一本英文版的《吠檀多哲学论》，想让周作人翻译。周作人对翻译该书没有很大把握，而且当时又与鲁迅两人住一间小房，气闷得很。于是虽然觉得《吠檀多哲学论》中的所谓奥义书颇有趣，但还是迟迟不想动笔。为此，鲁迅大为恼火。周作人说：“他老催促我译书，我却只是沉默地消极对付，有一天他忽然愤激起来，挥起他的老拳，在我头上打了几下，便由许季茀赶来劝开了。”鲁迅挥拳怒打周作人，究竟是因为他懒惰，还是因为他不译《吠檀多哲学论》，谁都不知道。据我推测，出于后一种原因的可能性更大。如果说因为周作人懒惰，那么这无疑是周作人的一贯作为，鲁迅为什么偏要在他不译《吠檀多哲学论》的时候打他呢？而周作人后来也懊悔地说：“这假如是为了不译吠檀多的关系，那么，我的确是完全该打的。”①不管怎么说，鲁迅在那时就开始关注佛学，是不应该怀疑的事实。据许寿裳说：“鲁迅读佛经，当然是受章先生的影响。先生在西狱三年，备受狱卒的凌暴。邹容不堪其虐，因而病死。先生于做苦工之外，朝夕必研诵《瑜伽师地论》，悟到大乘法义，才能克服苦难，期满出狱后，鼓动革命的大业。”②

许寿裳的说法无疑是有说服力的，然而对当时的鲁迅来说，却并没有热心地去阅读和研究佛学著作，他还是一如既往地研究着文学，做着他的文学梦。此后的时间里，鲁迅间

---

①《周作人回忆录》。

②《亡友鲁迅印象记》。

或也浏览一点佛学方面的书，但佛学、佛法仍没有在他的思想和生活履历中留下多少浓重的笔墨。

1914年夏天，鲁迅突然开始猛攻佛学。从4月到12月的八个月时间里，仅买佛学著作就多达八十多种，共约二百册，占他全年买书数量的百分之九十以上，可以说他在这个时期内，对佛学著作已经全神贯注了。在买书问题上，他不仅自己买，而且还与别人交流着看。他买了《瑜伽师地论》，后来发现许寿裳也买了这本书，他便劝许寿裳说“我们两人买经不必重复”，可以交流着看。许寿裳很赞成鲁迅的主张，后来买经再很少有重复的了，鲁迅买了《翻译名义集》，许寿裳便不买此书，而买《阅藏知津》。鲁迅与许寿裳同住S会馆，同在教育部办公，当然读佛经的时候也一起共同交流。一次他便很感慨地对许寿裳说：“释迦牟尼真是大哲，我平常对人生有许多难以解决的问题，而他居然大部分早已明白启示了，真是大哲！”许寿裳读了《瑜伽师地论》之后，则也向鲁迅谈起对章太炎提出的“以佛法救中国”主张表示理解和赞同。

除与许寿裳交流外，鲁迅还和当时在绍兴家乡教书的周作人交流。周作人给他寄来后学者从佛学观点阐述老庄哲学的书，而鲁迅则把他自己购买来读过的佛经源源不断地寄给周作人。对于佛经，鲁迅一边大量地读，一边还对自己手头未买到的借来做过抄写。如周作人给他寄来的一部《出三藏记集》，他在日记中记道："写《出三藏记集》至卷五竟，拟暂停止。"1914年10月6日，他刚刚抄完《出三藏记集》，第二天，他又自己出资到南京刻经处刻印了《百喻经》。据许广平说，这是他为"庆祝母亲六十寿辰"而专门刻印的一部书。从刻印《百喻经》看，这时鲁迅阅读佛经的兴趣，已经从钻研经义逐步转移到从哲理、文学的角度来研究了。此前，鲁迅曾精读过《三教平心论》《释迦如来应化事迹》《华严经决疑论》《大乘法界无差别论疏》《金刚般若经》《金刚经心经略疏》《大乘起信论（梁译）》《唐高僧传》《阿育王经》等，这些都是佛经中的释义经典著作，而《百喻经》则是经义生活化之作，更偏重故事的哲理蕴含和文学情致。

从鲁迅后来的思想发展看，他虽然大量地阅读并深入地钻研过佛经，但佛经对鲁迅的影响，更多的是积极方面的，而不是消极方面的。佛经的宗旨在阐述人生苦难的基础上，启示人们走向出世之境。鲁迅则终其一生始终执着于现实，而不愿意出世。正像他在《华盖集》的题记中所说："我知道伟大的人物（按：指释迦牟尼）能洞见三世，观照一切，历大苦恼，尝大欢喜，发大慈悲。但我又知道这必须深入山林，坐古树下，静观默想，得天眼通，离人间愈远遥，而知人间也愈深，愈广；于是凡有言说，也愈高，愈大；于是而为天人师。我幼时虽曾梦想飞空，但至今还在地上，救小创伤尚且来不及，那有余暇使心开意豁，立论都公允妥洽，平正通达，像'正人君子'一般；正如沾水小蜂，只在泥土上爬来爬去，万不敢比附洋楼中的通人，但也自有悲苦愤激，决非洋楼中的通人所能领会。这病痛的根柢就在我活在人间，又是一个常人，能够交着'华盖运'。"

对于早年曾在学佛经方面对自己有过启示的两个人——蒯若木和章太炎，他也有自己的看法。如太炎先生逝世后，许寿裳曾写过一篇《纪念先师章太炎先生》的文章，文中引用了太炎先生"以佛法救中国"的言论，鲁迅看了后，专门写信给许寿裳说："见兄所为文，甚以为佳，所未敢苟同者，惟在欲以佛法救中国耳。"这时鲁迅主要推崇的是太炎先生的革命思想和斗争精神。而对蒯若木鲁迅更是觉得可笑。"五四"前夕，一次他在北京的路上看见蒯若木坐着马车经过，便笑着对友人说："若木似乎佛法也还未学成，因为前天我路上遇见他坐了马车走过，要不然有了神足通，何必再要什么马车呢！"当然鲁迅对蒯若木的笑谈，绝不是恶意的讥笑，而是善意的玩笑，他们始终还是朋友。

然而鲁迅从佛经中的确有所获得和借鉴，这主要表现在两个方面：一是在佛经出世学中学得了不计较功利的人生处世态度，一是佛经因明学中的辩证的、严密的逻辑思想方法和思维方式。1928年鲁迅偕许广平及同友人川岛、许钦文等一起游览西湖时，在湖上遇一客僧，向鲁迅大谈佛学，使鲁迅一时不能脱身，鲁迅借助自己广博的佛学知识和在佛学中学得的逻辑思想方法，反过来向客僧大谈，并驳倒了客僧，这才借故离去。回寓所后，连许广平都惊讶鲁迅竟然对佛学了解得如此“深透”。

1934年，有一个崇拜并关心鲁迅的青年徐诗荃亲手抄写了《悉怛多般怛罗咒》的佛学著作赠送给鲁迅，劝鲁迅多看佛书，希望以此“超度”鲁迅，使鲁迅免招“闲气”。当时在国民党的反革命文化“围剿”下，斗争正烈，正需要用现实的态度和积极的理论来纠正俗见，投身战斗。于是鲁迅对徐诗荃的热切关心不是避而不见，就是见而不谈。当然鲁迅也知道徐诗荃的好意，而就因此后来鲁迅见到徐诗荃时，弄得两人竟都觉得无话可说。

鲁迅的读佛经，主要在1914年，此后的两年里他还读，但已逐渐以抄古碑代替了读佛经。

S会馆（二）：抄古碑

1913年下半年，孙中山领导的“二次革命”失败后，袁世凯便开始酝酿复辟帝制的事。1914年到1915年期间，袁世凯称帝的呼声竟然像狂潮一样，一浪高过一浪地不断翻腾，终于在1916年上演了一幕称帝的闹剧。而当袁世凯在全国人民的一片唾骂声中死去后，接着又上演了张勋复辟的丑剧。从教育部总长的频繁更换，到国家最高权力机构内的闹剧、丑剧不断上演，鲁迅说他“看来看去，就看得怀疑起来，于是失望，颓唐得很了”①。还在1914年到1915年期间，鲁迅从佛经中没能找到救治自己思想病痛的“药引”和国家及国民出路的指灯，于是便把注意力逐渐转移到金石造

①《自选集·自序》。

像、墓碑拓片、瓦当壁画等方面去了。从鲁迅日记中的书账看，1915年他所购置收藏的金石造像、墓志碑拓、瓦当壁画等古籍，占他全部购书的百分之八十以上。而到1916年至1918年，这部分内容的购置收藏则占到他这期间全部购书的百分之九十，甚至百分之九十五以上。当然，鲁迅对这些古籍不仅仅是购置和收藏，他还花费了大量的精力和时间阅读赏鉴了这些古籍，特别是对他所购置到的墓碑拓本不厌其烦地一帖一帖地做了抄写。这个工作主要是从1916年开始，地点在补树书屋。

补树书屋是S会馆里一个单独的小院房，共有四间房屋，南首一间，北首两间相连，还有一间小屋是供用人住的。院内有一株槐树，相传很多年以前，住在这里的一位京官的姨太太吊死在这棵槐树上，现在这槐树已经长得很大了，女人们再要上吊已经够不上了，而几十年前，槐树的大小或许正适合女人上吊。不过自从那位姨太太吊死以后，会馆就特别规定，住户一律不准带家眷。即使现在槐树长到这么大，这个规定还没有变。而另外还有一个不成文的约定，就是会馆里所有的人都不去住这个独院。1916年5月，鲁迅“以避喧移入补树书屋住”。

补树书屋院子不大，院内的槐树却很大，以至于树的绿荫就像一顶遮阳大伞，罩住了整个书屋。特别是夏天，院内清静、凉爽，根本没有吊死过人的迹象，这正适于鲁迅读书、写书、抄碑文。1917年周作人受聘到北京大学执教，也住进补树书屋，这样书屋就有了专职听差的，是会馆里老长班的大儿子，鲁迅戏称他“公子”，这倒不是说他有多少特别的地方，而是因为他有一个特别的父亲，鲁迅称他为“老太爷”。老长班相貌清瘦，气度不凡，像一位太史公出身的老京官，原籍绍兴，先辈几代以前就在这里当上了长班，他这长班也算是世袭的职务，所以对会馆的事情非常清楚，而且似乎对鲁迅祖父介孚公的事情知道得更多。他经常对鲁迅说，老周大人最初住在会馆里，后来续了妾就搬到会馆的附近。还说老周大人续妾之后怎么和姨太太吵闹，怎么打架。还说这是京官的风气，著名如李越缦者也有同样情形。但鲁迅却不爱听这些名人逸事，他要专心致志地抄碑文。

鲁迅抄碑的方法是用尺子量定碑文的高低宽窄，再数清楚全文共几行，每行几字，然后按字抄录下去，到了最后一行，画一条横线，对于残缺的字都一一注明。

鲁迅最初抄碑是出于一种对现实的无奈和自我境况的“颓唐”。袁世凯开始筹划君主立宪的帝制活动时，为了打击镇压反对者，建立了一支特别庞大的特务队伍和军警队伍，对可疑者，不是明抓，就是暗绑，经常有人失踪。而身在京城的文官，大大小小都受到了注意和监视。所以这些文官也在想方设法摆脱盯梢监视者的耳目，那时只要有一种嗜好，即可避免被监视，重则嫖赌续妾，轻则玩古董书画，这样两方就多少可以放心了。据说蔡松坡之于小凤仙，就是出于这种原因。教育部里大部分人会打麻将，连同许寿裳在内，只要能打麻将，危险系数就小了。鲁迅不会打麻将，也没有别的嗜好，所以只好假装玩玩古董，而玩古董又买不起金石品，便限于纸片，收集些石刻拓本来看。如果仅限于看，也不能敷衍漫长的岁月，于是就动手来抄。抄一块汉碑，有时要用去半个月时间，因为这与誊清草稿和抄书都不同，本来就碑大字多，而汉碑又大多断缺，拓本上的字往往若有若无，要左右远近地细看，才能慢慢辨别出来。然而对鲁迅来说，这却正好消磨时光。据有关统计，1915年，鲁迅共抄碑拓七十枚。

按理说，袁世凯死后，鲁迅再没有必要去抄碑了。然而在这漫长而无奈的消遣过程中，鲁迅逐渐培养起了一种对抄碑的兴趣，同时也对碑拓产生了校勘的想法。他把自己抄好的碑文和玉兰泉的《金石萃编》进行对比，看出书中错误很多，便立意要搞出一个精密而可信的定本，从汉代到唐代，一一录出。于是便继续抄下去。他想，这或许还是一件有意义的事情，即使没有意义，也能在一种有目标的劳作中，将难熬的时间消磨掉。这便是鲁迅所说的："许多年，我便寓在这屋里钞古碑。客中少有人来，古碑中也遇不到什么问题和主义，而我的生命却居然暗暗的消去了，这也就是我惟一的愿望。”[1]

下面的内容，我想我再怎么描述，也不会比鲁迅自己的叙述生动，索性照原文抄录如下：

> 那时偶或来谈的是一个老朋友金心异，将手提的大皮夹放在破桌上，脱下长衫，对面坐下了，因为怕狗，似乎心房还在怦怦的跳动。
>
> “你钞了这些有什么用？”有一夜，他翻着我那古碑的钞本，发了研究的质问了。
>
> “没有什么用。”
>
> “那么，你钞他是什么意思呢？”
>
> “没有什么意思。”
>
> “我想，你可以做点文章……”
>
> 我懂得他的意思了，他们正办《新青年》，然而那时仿佛不特没有人来赞同，并且也还没有人来反对，我想，他们许是感到寂寞了，但是说：
>
> “假如一间铁屋子，是绝无窗户而万难破毁的，里面有许多熟睡的人们，不久都要闷死了，然而是从昏睡入死灭，并不感到就死的悲哀。现在你大嚷起来，惊起了较为清醒的几个人，使这不幸的少数者来受无可挽救

---

① 《呐喊 · 自序》。

的临终的苦楚，你倒以为对得起他们么？”

“然而几个人既然起来，你不能说决没有毁坏这铁屋的希望。”

是的，我虽然自有我的确信，然而说到希望，却是不能抹杀的，因为希望是在于将来，决不能以我之必无的证明，来折服了他之所谓可有，于是我终于答应他也做文章了，这便是最初的一篇《狂人日记》。

这里需要说明几点：第一，金心异是林纾“送”给钱玄同的别名。他与鲁迅在日本同为章太炎的学生，回国后又一起在浙江师范任教，算是多年的老朋友了。第二，对话时间应该是1917年的下半年。据周作人说，钱玄同是从这年8月开始来S会馆与鲁迅闲谈的，一般是午后来，谈到晚上十一二点钟回自己的寓所。从8月开始，以后每月都来。第三，自从《狂人日记》发表后，鲁迅的生命便步入了一个新的时代。因为鲁迅从办《新生》杂志的希望破灭后，一直到这时才又燃起了一团心火。

“废寝辍食，锐意穷搜”

鲁迅自辑录校勘《会稽郡故书杂集》《古小说钩沉》起，先后又辑录校勘了《谢承后汉书》《虞预晋书》《嵇康集》《俟堂专文集》《六朝造像目录》《六朝墓志目录》《汉画集》等佚名杂集。这些书籍的成型，有的出自鲁迅“喜披览古说”，“偶会逸文，辄亦写出”的嗜好；有的则出自“许多年来”，寓在补树书屋“钞古碑”而日积月累所成。在鲁迅看来，似乎均属“无心插柳”之作。但从1920年开始在北京大学讲中国小说史时所校辑而成的《唐宋传奇集》和《小说旧闻钞》两书，鲁迅的工作方法显然不同了。

鲁迅在《小说旧闻钞·再版序言》中说：“《小说旧闻钞》者，实十余年前在北京大学讲《中国小说史》时，所集史料之一部。时方困瘁，无力买书，则假之中央图书馆，通俗图书馆，教育部图书室等，废寝辍食，锐意穷搜，时或得之，瞿然则喜，故凡采掇，虽无异书，然以得之之难也，颇亦珍惜。迨《中国小说史略》印成，复应小友之请，取关于所谓俗文小说之旧闻，为昔之史家所不屑道者，稍加次第，付之排印，特以见闻虽隘，究非转贩，学子得此，或足省其复重寻检之劳焉而已。”由此看，《小说旧闻钞》一书就是专为讲授中国小说史课和著述《中国小说史略》而准备的史料，而其准备过程并不是偶会后写出，也不是为消磨生命，而是“废寝辍食，锐意穷搜”的结果。实际上同为《中国小说史略》附本的《唐宋传奇集》中的大部分篇目，也是这时“废寝辍食，锐意穷搜”的结果。既然是为写《中国小说史略》而准备的资料附本是“废寝辍食，锐意穷搜”的结果，那么《中国小说史略》本身也无疑就是“废寝辍食，锐意穷搜”的结果了。

据周作人回忆说：“豫才对古小说虽然已有十几年的用力（其动机当然还在小时候所读的书里），但因为不求名声，不喜夸示，平常很少有人知道。那时我在北京大学中国文学系里当‘票友’，马幼渔君正做主任，有一年叫我讲两小时的小说史，我冒失的答应了，回来同豫才说起，或者由他去教更为适宜，他说去试试也好。”[①]这是1920年的事，

①《关于鲁迅》。

鲁迅正式接到马幼渔的聘书是7月。但这里需要补正的是鲁迅当时已经发表十数篇小说，在文坛上声名大振，从《狂人日记》发表始，每篇都引起过强烈的反响，马幼渔绝不至于不知道鲁迅。

1920年7月鲁迅开始在北京大学讲授中国小说史课程。同年，他的讲义《中国小说史大略》便排印出来了。此前，鲁迅虽然辑录过《古小说钩沉》，《唐宋传奇集》中的部分篇目如《异梦录》《秦梦记》等也已从其他类书中辑出，但要一下子搞出一本中国小说史来，即使是“大略”，也是一件非常困难的事，难怪他要说“废寝辍食，锐意穷搜”了。现在我们已无从知道当时鲁迅是怎样“废寝辍食，锐意穷搜”的，但我们通过对鲁迅考订这几本书的工作量的分析，约略还可看出鲁迅当时“锐意穷搜”读书之多的大概情形。

《唐宋传奇集》共收四十五篇小说，是鲁迅长期积累而成，据鲁迅自述：“取资者，为明刊本《文苑英华》；清黄晟刊本《太平广记》，校以明许自昌刻本；涵芬楼影印宋本《资治通鉴考异》；董康刻士礼居本《青琐高议》，校以明张梦锡刊本及旧钞本；明翻宋本《百川学海》；明钞本原本《说郛》；明顾元庆刊本《文房小说》；清胡珽排印本《琳琅秘室丛书》等。”另外，鲁迅除取资上述类书、丛书外，看到不同版本和不同类书中还有同题小说，又拿来做了互相比照和校对。即此可看出鲁迅在辑集该书过程中用心仔细、

“锐意穷搜”之一斑。而在考证作者、篇名、故事渊源方面，更显细致周全。如关于《古镜记》的作者王度，《太平御览》说王度是隋代人，《文苑英华》和《戴氏广异记序》中则说王度是唐代人，然而唐书中又没有王度的生平。于是鲁迅便大量翻检《唐书》及《新唐书》，最后在《王绩传》中才搞清了王度的出身和所生活的时代。这里仅考证一个作者，鲁迅就翻检了四大部书，而全集四十五篇作品，就有四十五个作者，鲁迅需要翻检多少部书呢？

《小说旧闻钞》是鲁迅自己说通过“废寝辍食，锐意穷搜”而成，全书分为五部分内容，一、小说（四十一部）；二、源流；三、评刻；四、禁黜；五、杂说。书末附有引用书目，共计七十六种，只有王圻的《续文献通考》一书只读了其中的《经籍考》，而其他七十五种则全部通读了。在“锐意穷搜”过程中，“有时尽百卷犹一无所获”，但鲁迅“废寝辍食”，坚韧刻苦，将可搜寻的典籍全部拿来逐一搜寻，所以，才有了“时或得之，瞿然则喜”的甘苦。

至于《中国小说史略》的编撰，更是在“锐意穷搜”过程中完成的。如他为了评价《水浒传》，考证作者，翻检了《百川书志》《笔丛》《西湖游览志余》《续文献通考》《元人杂剧》《宋史》《夷坚志》《七修类稿》《癸辛杂识续集》《宣和遗事》《野获编》《书影》《所安遗集补遗》等十三部典籍，同时还用四种不同版本的《水浒传》做了对照。这样，从抄录资料到校勘辨正，就得阅读一千万字以上。《水浒传》仅为《中国小说史略》中的一篇，全书二十八篇需要检阅多少文字呢？然而不管多少，都是鲁迅亲自翻阅、抄录、校勘的第一手资料。

鲁迅占有资料丰富，讲课时围绕讲义内容将讲义中未能写进去的逸闻趣事穿插进去，这使他的讲演左右逢源，妙趣横生，给学生们留下了非常深刻的印象。如他讲魏晋小说时，讲了一个揭露孔子的故事：有一次孔子出外游历，途中口渴难熬。他明知水边有老虎，但又佯装不知，仍让一起随行的子路去取水。子路奋力打死老虎，取回水来，孔子却反而讪笑了他一番。子路气急难忍，便要用石盘将孔子砸死。这是一则有悖儒术的故事，是对孔子“仁者爱人”学说和仁义道德的戏谑嘲讽。

鲁迅讲《水浒传》中梁山泊好汉的故事时，谆谆告诫学生：阅读《水浒传》，切不可自己钻进小说中，硬去充一个角色，以至在思想上模糊了时代的界限。鲁迅讲授《三国演义》时，再次将他的反传统思想贯穿进去，显示了一个文坛智者的慧眼和胆识。他认为《三国演义》在人物描写上颇有失败之处：“欲显刘备之长厚而似伪，状诸葛之多智而近妖”，至于把曹操描写成奸雄则更是不确实的。他说，曹操是个英雄，能顾全大局，说到做到。在讲到曹操杀祢衡时，他说祢衡是一个恶言诽谤曹操政治路线的腐儒，一个气焰嚣张、赤膊上阵的复辟干将，“我要是曹操，也非杀祢衡不可！”

鲁迅的中国小说史课，在北大的反响简直是盛况空前，每一次讲授，教室里总是挤得满满的，两个人的座位往往要坐上四五个人，找不到座位的学生便只好站在过道、门边，甚至坐到窗台上。

从八道湾到老虎尾巴

1919年8月，鲁迅协同他的本家将绍兴东昌房口新台门老屋卖给了朱文公家，在北京西直门内公用库八道湾买了一院大宅，稍加修缮后，于11月结束了长达七年多的会馆生活，迁入新居。12月初，鲁迅回到故乡绍兴，将母亲和全家人都接到北京定居下来。

八道湾宅院不仅房间多，而且院内空地也大。鲁迅领许寿裳去参观，并对他说："我取其空地很宽大，宜于儿童游玩。"许寿裳和他开玩笑说："这么大的院子，简直可以开运动会了。"其实，鲁迅那时并没有孩子，两个弟弟周作人和周建人则都有孩子，鲁迅非常喜欢侄儿们，视他们为自己亲生的孩子，很想为他们创造一片最适宜于儿童发育发展的乐园。

弟兄三家和一个老母亲住在一个院子里，人多事多，鲁迅居长，所有家务统由他一人主持，很少麻烦两个弟弟。只是生活内务由鲁老太太料理。开始的时候，“兄弟怡怡”，家人和睦，生活过得有条有理。后来因为种种原因，兄弟之间生产了矛盾。鲁迅后来很凄凉地对许广平回忆说：“我总以为不计较自己，总该家庭和睦了罢，在八道湾的时候，我的薪水全行交给二太太，连周作人的在内，每月约有六百元，然而大小病都要请日本医生来，过日子又不节约，所以总是不够用，要四处向朋友借。有时借到手连忙持回家，就看见医生的汽车从家里开出来了。我就想：我用黄包车运来，怎敌得过用汽车带走的呢？”[①]最后，鲁迅只好搬出八道湾，自己另找房住。

1923年7月14日鲁迅在日记中写道：“是夜始改在自室吃饭，自具一肴，此可记也。”7月19日日记：“启孟自持信来，后邀欲问之，不至。”周作人送来的信，信封上写着“鲁迅先生”，内容则是“以后请不要到后边院子里来！”1923年8月2日，鲁迅在西四砖塔胡同同乡处租赁了一处房子暂住下来。

砖塔胡同的房子既少又小，房东家姓俞，住在西厢，鲁迅一家住正南的三间屋。一间供他母亲用，其余两间供他

①《鲁迅回忆录》。

用。当时他正编写《中国小说史略》一书，房内到处堆着线装书。中间的一间除了供吃饭用外，还兼作书房和会客室，西边的一间住着朱安夫人。鲁迅有时为了清静，也到西边的房里写作，但这里同中间的房子也差不了多少，像《幸福的家庭》中所描写的："劈柴、白菜，只好堆在书架、眠床下。"整个给人的感觉是局促不安，很不方便。于是，鲁迅便又到处托人并借钱买了西三条胡同的房子，也就是现在的鲁迅博物馆中的鲁迅故居。

西三条胡同的房屋已经很破旧了，鲁迅买的时候就准备重建。重建的工程由鲁迅亲自设计，按照北京人的习惯，建成了一座坐北朝南的三开间小四合院。北屋的东间是老太太的寝室，西间是朱夫人的房，中间一间房是会客室，后面又接出去一间小房子，这就是著名的老虎尾巴——鲁迅的卧室兼工作室。院子南边还有几间厢房，是鲁迅的藏书室、厨房及堆放零碎什物的房子。这里的房子建得也不很大，但间数多了一点，好安排。

除了房屋，院子也还算宽敞。院内有三株丁香，是鲁迅亲自栽种的。北屋后面还有个小园，鲁迅在这个小园内栽了刺梅，而墙外则有两株枝叶茂盛的枣树。坐在老虎尾巴内向窗外望去，一眼便可看见这两株枣树。鲁迅在《秋夜》中写的"在我的后园，可以看见墙外有两株树，一株是枣树，还有一株也是枣树"。这是实景。鲁迅对自己的老虎尾巴不仅设计讲究，而且室内安排也很讲究：北墙的窗户用玻璃，写字台置放在东墙壁下，读书写作时，既好采光，也不遮光。

这里又远离开了嘈杂的大门口，读书工作，非常安静。鲁迅的卧床设在北窗户下，是两块木板拼成的床铺。屋小不好多摆椅子，闲谈的人超过了三个，就得坐到床铺上去。

当时西三条一带都住的是贫民，所以也没拉电灯。在鲁迅的写字台上，放着一盏高脚玻璃煤油灯。鲁迅就是在这间被称作老虎尾巴的简朴的工作室里，在这盏闪着微光的煤油灯下，写下了《华盖集》《华盖集续编》《野草》以及《坟》《彷徨》和《朝花夕拾》等著作的全部或部分内容。

老虎尾巴里有时也很热闹，这是鲁迅的小说和讲课培养起来的进步青年们，来和鲁迅请教、探讨、畅谈……畅谈人生道路，探讨社会改革。许广平就是在这里探险之后，和鲁迅开始“两地书”往来的。

鲁迅在这里有了专门的藏书室，1924年5月移住这里后，于6月8日回八道湾去取书。他在日记中写道：

> 下午往八道湾宅取书及什器，比进西厢，启孟及其妻突出詈骂殴打，又以电话招重久（羽太信子之弟）及张凤举、徐耀辰（均为周作人家用人）来，其妻向之述我罪状，多秽语，凡捏造未圆处，则启孟救正之。然终取书器而出。

后来鲁迅告诉许广平："那次他们气势汹汹，把妻舅重久和他们的朋友找来，目的是要给他们帮凶。但是我说，这是我们周家的事情，别人不要管，张徐二人就此走开……我向周作人说，你们说我有许多不是，在日本的时候，我因为你们每月只靠留学的一些费用不够开支，便回国做事来帮助你们，及以后的生活，这总算不错了吧？但是周作人当时把手一挥说（鲁迅学做手势）：'以前的事不算！'"

第二天，鲁迅向许寿裳谈了他的取书经过，许寿裳问他："你的书全部取出了吗？"鲁迅回答说："未必。"许寿裳又问："我所赠你的《越缦堂日记》拿出了吗？"鲁迅幽默地回答说："不，被没收了。"鲁迅和周作人从此绝交，以后再少有来往，直到鲁迅逝世，周作人也未去参加追悼会。

母亲的影响

鲁迅的母亲叫鲁瑞，绍兴乡下安桥头人。鲁瑞思想开通，性情刚毅，清末天足运动时，她便放了脚，在平时的日常生活中敢于和长辈评理。一次介孚公的姨太太生的孩子伯升和鲁迅兄弟吵架，介孚公要打孙子，她便站出来说："孩子们吵架，应该由孩子们的父亲来管教。"她后来见自己的媳妇一生气便睡倒不吃饭了，她就对媳妇们说："你们每逢生气的时候便不吃饭了，这怎么行呢？这时候正需要多吃饭才好呢，我从前和你们爷爷吵架，便要多吃两碗，这样才有力气说话。"鲁迅在新台门周家和三味书屋同学中成为第一个进学堂"走异路"的人，与他母亲的支持有很大关系。

鲁迅的母亲爱看戏，常常跑到乡下娘家去看社戏，鲁迅爱看社戏的兴趣便是这时培养起来的。鲁迅母亲没有上过学，小时候，老师给她的兄弟们上课，她站在旁边听课，听了将近一年时间，后来家里不准她听了，她就找些书自己看，遇到不认识的字，问问别人，终于以自修获得了看书的能力。最初她读的是弹词之类，随后看的是小说，劳作之余，将家中藏书中的小说《三国演义》《水浒传》《官场现形记》《西游记》《镜花缘》《今古奇观》《七剑十三侠》等书全都搜出看了，而且还把书中的故事讲给别人听，讲起来有声有色，有说有笑。她还教工友王鹤照识字读书，说："我就苦得不会写，你学起来，可以记记账。"

来到北京一段时间后，便放手不管家事，于是时间更充足了，她便设法搜寻中国的旧小说拿来看，越看越有瘾，后来竟成了每日的功课。在八道湾住的时候，鲁迅和周作人同时都给老太太提供小说看，待鲁迅搬到砖塔胡同和西三条胡同后，老太太的日用事务周作人什么都不管了。供老太太读的书，全都由鲁迅一人负责。

鲁迅母亲看书，仅限于小说故事一类的东西，而且不看外国的翻译作品。如果说其他生活事务，倒可由用人和工友去办理，而唯有这项工作只能由鲁迅亲自完成。一般情况下，顶多一个星期老太太便要对鲁迅说："老大，我没书看了。"于是，鲁迅便忙着到处找，有时，虽然买到了，可老太太却又说："老大，这本书，我看过了。"于是，还得再去找。

这时，鲁迅由于撰写和讲授《中国小说史略》，家中中国古典小说方面的藏书已经很多了，像鲁迅能用得着、用不着的书自己不一定能记得很全，所以凡给老太太买的书，鲁迅必须先看一遍。据鲁迅家的工友荆有麟回忆说，鲁迅曾给他讲过，老太太看书，多偏于才子佳人一类的故事，而且看的过程中容易动感情，故事结局太悲惨了，她看了就会难过几天，而故事情节缺少才子佳人味道的，她又不爱看。[①]有一次，《呐喊》出版以后，章衣萍的夫人吴天曙将《呐喊》送给老太太看，并特别指明其中的《故乡》一篇很好看。老太太马上戴了眼镜去读《故乡》，看完后便不愿再看书中别的小说，很快将书还给吴天曙女士，说："没啥好看的，我们乡间，也有这样的事情，这怎么也可以算作小说呢？"说得当时在座的人都笑了。她根本不知道《呐喊》就是鲁迅写的，也不知道《故乡》中说的就是她自己的事。

老太太对小说的认识是不能和鲁迅相提并论的，因而对鲁迅的思想也构不成什么影响，但是老太太的读书嗜好和对所读之书的要求，却不能说对鲁迅没有影响。鲁迅曾给别人说起过这样的话："因为老太太要看书，我不得不到处搜集小说，又因为老太太记性好，改头换面的东西，她一看就讲出来，说与什么书是相同的，这使我得以知道，许多书

---

① 荆有麟《鲁迅回忆断片》。

的来源与改装。”[①]而鲁迅当时正撰写和讲授《中国小说史略》，辑录校勘《唐宋传奇集》和《小说旧闻钞》，正需要有人给他提供这方面的信息。

老太太晚年尤爱看报纸，日备大小报纸两三份，看后常与家人和来客谈论时事，对段祺瑞、张作霖、蒋介石都有批评。遇到不平之处，便显出慷慨激昂、骂倒一切的情态，有时惹得鲁迅也好笑起来了，说：“母亲何必这样的气呢？”但鲁迅从心底里对老太太是敬佩的，他看老太太从各方面对新事物的赞赏和支持，曾对别人说：“我的母亲如果年轻二三十岁，也许要成为女英雄呢！”其实，鲁迅不必要惋惜母亲没有成为英雄，她养育了鲁迅这样一位英雄，而且在步入古稀之年以后，还能一如既往地、毫无保留地支持鲁迅的工作和斗争，她的名字已经被人们默默地列入英雄的行列里了。而鲁迅自己将笔名取为鲁迅，实际上就是对这位英雄母亲的最高奖赏和莫大尊敬。

1936年10月，老太太最疼爱的儿子逝世了，当得知这一消息时，她没有哭，神态还显得很镇静。她后来对别人说：“我听到了这消息，我倒不哭。不过两腿发抖得厉害，所以简直不能独自举步了。”她于是广泛搜寻关于儿子死后的一切记载，收集到的资料竟满满堆了半床。她对人说：

① 荆有麟《鲁迅回忆断片》。

“有些人想遮瞒我，哪里瞒得住我，我会看书的。”当她看到各方面人士对鲁迅普遍而深切的悼念，她的心怀慢慢放宽了，她说：“还好，这样子，儿子死得也不太冤枉。”

从鲁迅及鲁迅母亲身上，我们看到了一个旷世伟人，同时也看到了这位旷世伟人身后的慈母心。

“读经与读史”

1925年11月2日，教育部部长章士钊主持教育部部务会议决定，小学从初小四年级起开始读经，每周一小时，至高小毕业为止。这里的“经”指的是清末兴学堂时被废除了的旧时学生必读书——四书五经。在此之前，章士钊就曾借助《甲寅》周刊，和思想气味相投者唱和过“读经可以救国”的论调。如《甲寅》周刊第一卷第九号发表章士钊与孙师郑关于“读经救国”的通信，孙师郑说：“拙著读经救国论，与先生政见，乃多暗合。”章士钊则赞扬说：“读经救国论，略诵一过，取材甚为精当，比附说明，应有尽有，不图今日犹见斯文。”

读经在中国近现代史上是一个非常敏感的问题，读经与否，就是守旧与改革的试金石。自维新运动以来，读经已被逐渐废弃，特别是五四新文化运动中，四书五经等类封建文化典籍则被彻底否定。然而五四运动之后，这些被否定过的东西又在文化领域慢慢地抬起头来。章士钊就是这股复古势力的代表。当章士钊的主张公之于世后，引起了很多人的议论。鲁迅当即写了《十四年的“读经”》一文，所谓“十四年”，即指1925年。鲁迅认为：读经是救不了国的。“主张读经者，是明知道不足以救国的，也不希望人们都读成他自己那样的；但是，要些把戏，将人们作笨牛看则有之，‘读经’不过是这一回要把戏偶尔用到的工具。”

当时，很有一些人曾抗议过章士钊以教育部的名义对小学生读经的规定，并且还有人正面和章士钊讲道理、谈利害，要求教育部不要做此决定。鲁迅认为根本没必要和他讲道理、谈利害，章士钊主张读经全部目的是“假借大义，窃取美名”的一种把戏，不明这一真相者，还要执意和他讲道理，实际上也就成了“诚心诚意主张读经的笨牛”一类的人了。

不读经，究竟应该读什么呢？鲁迅接着又写了《读经与读史》的文章。他说：“我以为伏案还未功深的朋友，现在正不必埋头来哼线装书。倘其咿唔日久，对于旧书有些上瘾了，那么，倒不如去读史，尤其是宋朝明朝史，而且尤须是野史；或者看杂说。”他认为《钦定四库全书》一类的史书，在“钦定”过程中，好些文章都做过删改，使之能够更加符合统治者的利益。“野史和杂说自然也免不了有讹传，挟恩怨，但看往事却可以较分明，因为它究竟不像正史那样地装腔作势。看宋事，《三朝北盟会编》已经变成古董，太贵了，新排印的《宋人说部丛书》却还便宜。明事呢，《野获编》原也好，但也化为古董了，……易于入手的是《明季南北略》《明季稗史汇编》，以及新近集印的《痛史》。”

鲁迅很早的时候就曾读过一部叫作《蜀碧》的书，晚年又有人送过他这本书。这是一部专讲明末农民起义领袖张献忠如何凶残屠杀四川人民的书。鲁迅最初看了这部书后，曾对张献忠产生过强烈的不满和憎恨，但后来他又读到一本叫《立斋闲录》的书，上有明朝永乐皇帝的上谕，内容讲的又是永乐皇帝的凶残无道。两相对比，鲁迅终于发现，比起永乐皇帝的凶残，张献忠倒温和得多了。据载，张献忠祸蜀，施剥皮刑，“从头到尻，一缕列之”。而永乐皇帝剥忠于建文帝的景清的皮，则先抉其齿，然后“剥其皮，草椟之，械系长安门”。鲁迅感慨地说：“大明一朝，以剥皮始，以剥皮终，可谓始终不变。”①

鲁迅读过经，也读过史，而读得更多的是野史杂说。所以，他知道经的无用，钦定正史的伪善，同时也知道野史杂说的接近真实。他在《忽然想到（四）》中说：“秦汉远

① 《且介亭杂文·病后杂谈》。

了，和现在的情形相差已多，且不道。元人著作寥寥。至于唐宋明的杂史之类，则现在多有。试将记五代，南宋，明末的事情的，和现今的状况一比较，就当惊心动魄于何其相似之甚，仿佛时间的流驶，独与我们中国无关。现在的中华民国也还是五代，是宋末，是明季。”然而，他所知道的这些，青年们却很少有人知道。因此他又认为：“中国学问，待从新整理者甚多，即如历史，就该另编一部。古人告诉我们唐如何盛，明如何佳，其实唐室大有胡气，明则无懒儿郎，此种物件，都须褫其华衮，示以本相，庶青年不再乌烟瘴气，莫名其妙。”[1]

鲁迅一生多次倡导青年要读史，只有读史，才“能够据过去以推知未来”；只有读史，“就愈可觉悟中国改革之不可缓了”。

---

①《致曹聚仁》。

“先看一点基本书”

1933年年底，左翼作家徐懋庸因一场理论论争而向鲁迅请教应该看些什么书。鲁迅在回信中对他说：“据我的私见，首先是该看历史，日文的《世界史教程》。”“其次是看唯物论，日本最新的有永田广志的《唯物辩证法讲话》《史的唯物论》。”“中国的书，乱骂唯物论之类的固然看不得，自己不懂而乱赞的也看不得，所以我以为最好先看一点基本书，庶不致为不负责任的论客所误。”鲁迅在这里所说的“基本书”，无疑就是唯物论方面的书。鲁迅给人做指点，一般都是从切身体验出发而谈的，那么鲁迅自己“最先看的一点基本书”是些什么呢？

早在日本留学的最初几年里，鲁迅就曾从《清议报》《新民丛报》《民报》等报纸杂志上接触过介绍马克思主义的文章。1906年鲁迅便直接购买了日本社会主义者编辑的宣传马克思主义的刊物《社会主义研究》五册，这五册杂志里有一册就载有日译的《共产党宣言》。鲁迅当时每天早上起床后要读报纸杂志，想必这册载有《共产党宣言》的杂志，他是不会放过的。但应该说，即使那时鲁迅读了《共产党宣言》，也没有从思想上去接受它，仅仅是一种接触和了解。

鲁迅在1917年6月30日的日记中，突然出现了一次不寻常的记载："上午得东京堂所寄《露国现代之思潮及文学》一册。"俄罗斯的日文译名叫露西亚，"露国"即指俄国。《露国现代之思潮及文学》一书的作者升曙梦是十月革命前后研究译介俄国和苏联文学的著名学者。鲁迅后来翻译的卢那察尔斯基的《马克思主义艺术论》和《最近的戈理基》等书，都是从升曙梦的译著中转译过来的。《露国现代之思潮及文学》的初版是1915年版，1923年刊行了改订版，鲁迅在1925年2月又买了本书的改订版。作者在初版序言中说："我于叙述俄国文学之际，想竭力对于那背景的现代精神和现代思潮的委婉曲折予以注意。"这样，在评价分析高尔基的《母亲》时，书中花了很大的篇幅介绍了俄国工人运动的兴起，高尔基的创作与马克思主义及俄国革命的关系，等等。鲁迅在十月革命前特地邮购这本书，改订版发行之后再一次购买这本书，首先说明鲁迅对列宁领导下的俄国革命的关注，同时也说明这本书就是鲁迅最早读到的唯物论方面的

“基本书”之一。

1918年11月出版的《新青年》第五卷第五号发表了李大钊的两篇介绍马克思主义的文章：《庶民的胜利》和《布尔什维主义的胜利》。鲁迅从1918年开始参加《新青年》的编辑工作，就在这期《新青年》上，还发表了鲁迅的四篇《随感录》。从中对马克思主义的接触是不言而喻的。

1919年4月6日出版的《每周评论》上，作为名著摘译了《共产党宣言》的一段。据鲁迅日记记载，这期《每周评论》他不仅自己订阅，而且还“寄张梓生及三弟《周评》各一份”。他之所以这样，显然与这期刊物摘译《共产党宣言》有关。

1919年5月5日开始，《晨报副刊》开辟了“马克思主义研究”专栏。在这个专栏里，除刊载介绍《马克思的唯物史观》《马氏资本论释义》《马氏唯物史观的批评》等介绍马克思主义的文章外，还全译了马克思的《雇佣劳动与资本》，摘译了《共产党宣言》和《政治经济学批判序言》，还有《马克思年表》《马克思评传》等。另外，《晨报副刊》还刊载了很多介绍十月革命后俄国情况的“旅俄通讯”。鲁迅正是从1919年下半年跟《晨报》开始发生关系的，他对《副刊》的进步政治倾向表示了热情的支持。

1919年5月出版的第六卷第五号《新青年》，是李大钊主编的“马克思主义研究”专号，发表了《马克思学说》

《马克思学说批评》《马克思的唯物史观与贞操问题》《马克思的唯物史观》《马克思奋斗的生涯》《马克思传略》和《我的马克思主义观》等介绍文章和译著。也就在这期《新青年》上，除刊登了鲁迅的著名短篇小说《药》外，还发表了他的四篇《随感录》，而其中两篇的内容与十月革命有关，有一篇两次提到过列宁。

1920年4月，上海社会主义研究社出版了陈望道翻译的《共产党宣言》中文全译本，这是中国第一次对《共产党宣言》的全文翻译。同年6月，陈望道特地给鲁迅寄赠了一册。这可以说是鲁迅第三次读到的《共产党宣言》，他当时就称赞陈望道“这个工作做得好！”并说：“大家都在议论什么‘过激主义’来了。但就是没有人切切实实地把这个主义真正介绍到国内来，其实这倒是当前最紧要的工作。望道……这次埋头苦干，把这本书翻译出来，对中国做了一件好事。”为了表达对陈望道翻译这本书的敬意，鲁迅当即给陈望道回了信，并回赠了他自己翻译的一本书。《共产党宣言》无疑是鲁迅所读的又一“基本书”。

当十月革命的新浪潮冲击到全世界的旧营垒时，日本翻译界也开始大规模地介绍苏俄革命和马克思主义了。鲁迅从1925年起，在北京通过日本的东亚公司大量购阅了欧洲文学书籍，特别是苏联革命后的文学书籍。据鲁迅日记中所记，1924年有《赤露见闻记》，1925年有《新俄文学之曙光》《露国现代之思潮及文学》《新俄美术大观》《露西亚文学的理想与现实》《文学与革命》等，1926年有《无产阶级文化论》《无产阶级艺术论》《新俄罗斯手册》《新俄手册》等。这里需要说明的是，1924年之前，凡是外文版的书籍，鲁迅都没有入“书账”，这期间翻译成中文的马克思主义书籍很少，而鲁迅购买的又多是日文书。实际上1924年以前，鲁迅也曾购阅和收藏过一些马克思主义的书籍。许广平在1926年8月离开北京前，曾对鲁迅藏书中的马克思主义书籍做过整理，除了上面日记中记的外，还发现有《马克思主义与法学原理》《托尔斯泰与马克思》《无产阶级的文化》《文学的战术论》《露西亚文学研究》《俄国文学史略》等，这些都应该是鲁迅接受马克思主义影响过程中所阅读到的“基本书”。

1926年春，鲁迅参加了《国民新报副刊》的编辑工作，正好这个时候《国民新报副刊》七次连续译载了列宁的《国家与革命》，鲁迅不仅认真阅读并珍藏了《国民新报副刊》上节译的《国家与革命》，而且还借鉴列宁关于阶级斗争和无产阶级专政的基本思想，写下了著名的《论“费厄泼赖”应该缓行》及《死地》《记念刘和珍君》《无花的蔷薇》等一系列带有阶级分析和武装斗争意味的重要文章。鲁迅在1934年写的《自传》中说：“因为做评论，敌人就多起来，北京大学教授陈源开始发表这‘鲁迅’就是我，由此弄到段祺瑞将我撤职，并且还要逮捕我。我只好离开北京，到厦门大学做教授。”其实，鲁迅和陈源及段祺瑞政府之所以能闹到这种份儿上，而又坚持要到南方去，思想上的主观原因，还是读了他所说的那些“基本书”。

海上月色

鲁迅常说，他的内心世界是黑暗的，像沉沉暗夜。1925年，他执教的女师大学生许广平闯入了他的暗夜世界，并与他建立了恋爱关系，给他的暗夜世界里投进了一束鲜亮的光。于是，许广平便成了鲁迅的“月亮”。

1926年夏天，时任厦门大学文学系主任的林语堂邀请鲁迅到厦门大学去教书。鲁迅当即便答应了，他正想换一个地方。这时许广平刚从女师大毕业，也准备到老家广东女子师范学校去教书，两人正好同行。许广平回忆说：“临去之前，鲁迅曾经考虑过：教书的事，绝不可以作为终生事业来看待，因为社会上的不合理遭遇，政治上的黑暗压力，做短期的喘息一下的打算则可，永远长此下去，自己也忍受不住。因此决定：一面教书，一面静静地工作，准备下一步的行动，为另一个战役做更好的准备，也许较为得计吧。因此，我们相约，做两年工作再作见面的设想。”[①]这里说的“静静地工作”，是要通过教书，“编成一本较好的文学史”；而“下一个战役”则指的是准备与在广州的郭沫若等创造社一班人马结成统一战线，“对旧社会施以攻击”。

这是一个美好的设想：教书有固定的收入，不至于时常为生计发愁，写作则是为战斗，这是他心向往之的终生事业——“对旧社会施以攻击”；只要编好一部文学史，他就可以既从事教书而不去为教书花费更多的精力，这样节余出的时间就可专心从事写作。

1926年8月26日，鲁迅偕许广平离开了他生活和战斗了十五个年头的北京，到上海后，两人分手，许广平去广州，鲁迅于9月4日到达厦门。初到厦门，学校把他暂时安排在生物学院三楼的一间空屋里。楼建在海边，日夜可以听到呼呼的海风声，海滨有很多贝壳，鲁迅借散步之机，捡了几回，但没有什么特别的，以后也就不捡了。过了一个月时间，学校把他重新安排在厦大图书馆楼上的一间大房子里，房子有两个窗户，透过窗户，可以看见就近的山和海，细细观赏，那山光海气，在早晚之间会有无穷的变化。然而鲁迅说他“对于自然美”，“并无敏感，所以即使恭逢良辰美景，也

① 《鲁迅回忆录》。

不甚感动”[①]。他此时的心思在读书，在准备他的文学史。

然而这里地处孤岛，信息闭塞，几乎看不到一本北京、上海方面出的新报刊。学校是新建的，图书馆内的藏书也不多，可供参考的资料自然也就少了。于是他便托在北京和上海的朋友代买书籍，以供编讲义时参考查阅。学校的气氛也并不怎么好，同事之间相处，都是“面笑心不笑”，无话可谈，鲁迅渐渐地感到“无聊”了，这种“无聊”的心境也影响到了他的工作。他给许广平写信说：“至于工作，其实也并不多，闲工夫尽有，但我总不做什么事，拿本无聊的书玩玩的时候多。”不过不多久，这学校的沉闷空气，便使鲁迅无法继续“无聊”下去了，他又要投入新的战斗中去，而这新的战斗的主要内容，正与我们本书的宗旨——读书有关。

厦门大学是海外华人富贾陈嘉庚先生投资兴办的一所学校，1926年6月和8月，上海《申报》和《时事新报》先后发表厦门大学的“革新消息”，报道该校创办人陈嘉庚增拨经费，大规模扩充学校，并增设国学研究院。报道称：“不数年间厦大当可望为全国完善大学之一，除广筑校舍购备仪器图书等外，该校校长林文庆，目下最注意者，为延聘国内外名宿，使学生得良师之诱导……且已聘定北大沈兼士、周树人、顾颉刚以整理国学……果能如此致力进行，加以经费

①《厦门通信》。

充裕，将来国学研究院定有相当成绩，为吾国学术界别开生面也。”同年10月，校长林文庆在国学研究院成立大会上发表演说称：“陈嘉庚先生聘鄙人来长本校，鄙人即询其将来对于本校之宗旨，究竟注重国学，抑或专重西文。陈先生即答以两者不可偏废，而尤以整顿国学为最重要。故鄙人来校之后，对于国学，提倡不遗余力，此次特组织国学研究院，聘请国内名人，从事研究，保存国故。”林文庆本是留英医学硕士，香港大学荣誉医学博士，但从这篇演讲中则完全可以看出他的思想面貌。在林校长欲“不遗余力”地“整顿国学”的思想主导下，学校大力提倡“尊孔”“读经”，并每周安排周会，邀请国学研究院的教授做讲演。

1926年10月14日，校长林文庆匆匆来到鲁迅宿舍，对鲁迅说：“孔夫子是旷古未有之圣人也，鄙人一向以为学生之道，宜应埋头读书，今日周会，还请先生讲演讲演。”此前，学校曾几次邀请鲁迅讲演，都被鲁迅拒绝了，这次鲁迅本来还想拒绝，但转而又一想，何不乘此机会表示一下自己的主张呢？于是便答应了下来。学校教职员和平时不爱听演讲的学生听说鲁迅先生要演讲了，都拥进群贤楼大礼堂，将礼堂挤得满满的。

演讲会开始，校长首先向大家介绍说：“鲁迅先生乃新文化运动的首领，国内外闻名的文学家，到本校来已一个多月，大家老是盼望着要听他的伟论，今早算是不负众望，来讲演了，请大家肃静，倾耳以听。”

鲁迅在雷鸣般的掌声中走上讲台，他首先说：“校长先生硬要来讲演，自然也可以的，不过，我向来是人家在开会，决不自己去演说，今天既然要我说，就须凭我说一点我所要说的话，否则，我宁可一声不响，算个死尸。要我开口说话，而话又须合于别人的意思，这种‘先意承旨’的妙法，我却未曾学过。这是事先要声明的。”鲁迅讲到这里，会场的气氛显得有点儿紧张，校长林文庆则低下了头。

接着，鲁迅宣布了自己的演讲题目——“少读中国书，做好事之徒”。他说，我来本校是搞国学院研究工作的，是担任中国文学史课的，论理应当劝大家埋首古籍，多读中国的书。但我在北京就看到有人在主张读经，提倡复古，来到这里又看见有些人老抱着《古文观止》不放。这使我想到：与其多读中国书，不如少读中国书好。尊孔、崇儒、读经、复古可以救中国的调子，近来越唱越高了。其实呢，过去凡是主张读经的人，多是别有用心的。他们要人们读经，成为孝子顺民，成为烈女节妇，而自己倒可以得意恣志，高高骑在人民头上。他们常常以读经自负，以中国古文化自夸。但是，他们可曾用《论语》感化过制造“五卅”惨案的日本兵，可曾用《易经》咒沉了“三一八”惨案前夕炮轰大沽口的八国联军的战舰？讲到这里，礼堂内所有的听众都报之以热烈的掌声。

接着鲁迅继续说，你们青年学生多是爱国的，但是今日要救中国，并不在多读中国书，多读中国书，至少流弊有三：一、中国古书读得越多，越使人意志不振；二、越想走平稳的路，不肯冒险；三、越使人思想模糊，分不清是非。正因为这个缘故，“我所以指窗下为活人之坟墓，而劝人们不必多读中国之书”。讲到这礼堂内再次响起掌声。

鲁迅说，你们青年学生，好读书是好的，但是不要读死书，要灵活运用，还要关心社会世事。书有好的，也有坏的。有可以相信的，也有不可以相信的。古人说：“尽信书，则不如无书。”那是从古史实的可靠性说的，我说的可以相信与不可以相信，则是从古书的思想性说的。你们暂时可以少读中国书，如果要读的话，切不要忘记：明辨，批判，弃其糟粕，取其精华。

接着鲁迅将话题转到“做好事之徒”上。他说，世人都以为“好事”就是遇事生风，其实不然。我以为现在的中国，需要多一些好事之徒，大凡社会世事，惟其有好事之人，才能推陈出新，日渐发达。世界上的一切发明创造都是由好事而得来，即如本校，本是一片荒芜之地，建屋招生，其实也就是好事，所以好事并不是毛病。我发现本校图书馆中文阅览室经常座满，而西文阅览室则阅者寥寥，似乎觉得西文报纸杂志，无关紧要，这就是不知好事。课余阅读一点西文杂志报纸，是可以增长许多知识的，我希望大家能对一切学科，随时留心，学甲科者，对于乙科书籍，亦可稍稍涉猎，学乙科者，对于甲科书籍，亦可稍加研究，但自然以不妨碍正课为限。如能做到这样，毕业之后，方可在社会上做事。当然，每个人不可能都成为大的好事者，但只要成为小小的好事者，也就是一个小小的改良者。即使自己不能成为好事者，也不要随俗而对好事者加以笑骂，尤其不能以这种态度去对待失败的好事之徒。鲁迅讲演完毕，场上响起了长时间的热烈掌声。

鲁迅关于“少读中国书，做好事之徒”的讲演，一下子把沉寂的厦门大学搅得翻腾起来了。同学们组织起了文艺社团，抨击学校的陈规陋习，揭露当局的种种丑行，要求改革的呼声越来越大。然而鲁迅也因此招来了无端的毁谤与中伤。有人说鲁迅是“放火者”，是到厦门大学专门来捣乱的。特别是“现代评论派”的势力在厦门大学逐渐地膨胀起来，他们更是与鲁迅势不两立，时常要在鲁迅身上刻意找些麻烦。鲁迅虽然旗帜鲜明地表示了不妥协不退让的姿态，做了针锋相对的斗争，但他终于决定要离开厦门到广州去了。他说：“我是不与此辈共事的。”

1926年12月31日，原计划在厦门大学待两年，后改变计划待一年，最后待了还没有半年的鲁迅向好心邀他来此的林语堂递上了辞职书。厦门大学发动全校师生对鲁迅做了挽留工作，但鲁迅去意已决，坚不回头。1927年1月16日，他在给一位友人的信中说：

> 但从去年以来，我居然大大地变坏，或者是进步了。虽或受着各方面的斫刺，似乎已经没有创伤，或者不再觉得痛楚；即使加我罪案，也并不觉着一点沉重了。这是我经历了许多旧的和新的世故之后，才获得的。我已经管不得许多，只好从退让到无可退避之地，进而和他们冲突，蔑视他们，并且蔑视他们的蔑视了。
>
> 我的信要就此收场。海上的月色是这样皎洁；波面映出一大片银鳞，闪烁摇动；此外是碧玉一般的海水，看去仿佛很温柔。我不信这样的东西是会淹死人的。但是，请你放心，这是笑话，不要疑心我要跳海了，我还毫没有跳海的意思。①

是的，海上的月色如此美丽，他怎么能贸然去跳海呢？在过去的一年里，这月色曾经给他暗夜般的心灵世界里投进了一束鲜亮的光，现在他要继续追寻这亮光，到广州去，那里就有他心中的“月亮”，也有一意倡导革命的创造社作家们，他要与他们结成新的统一战线，以更强大的力量向旧世界施以强有力的攻击，争取让更多的人在这攻击中战取光明。

① 《海上通信》。

“读书与革命”

鲁迅到广州，是鲁迅的革命愿望与广州革命的实际需要的吻合。早在1926年郭沫若担任中山大学文学院院长的时候，就曾和校方协商过聘任鲁迅做教授的事。郭沫若离开中山大学后，中共广东区委员会负责人陈延年又派恽代英、毕磊等人多次向学校当局建议，促成了此事。而鲁迅则由于深感北京的黑暗，一直想到革命策源地广州寻找新的伙伴，结成统一战线。1927年1月16日，鲁迅乘轮船离开厦门，于1月18日抵广州，次日住进中山大学校园中心的大钟楼。

大钟楼是当时中山大学最高最大的建筑，而鲁迅在大钟楼里的住房也是“大而无当”的，可以分出吃饭、睡觉、办公、会客等几块地盘而互不受影响，到晚上还可给“十几匹头大如猫的老鼠”提供赛跑场地。不久，许寿裳也应聘来到中山大学，两人合居其间，两张床铺和办公桌搭在房间两端的对角处，竟也毫不显得拥挤。许寿裳喜欢早眠早起，而鲁迅则睡得很晚，有时甚至灯下伏案写作，彻夜不眠，但两人各司其职，互不影响。

鲁迅到广州后不几天，就去访问创造社，然而事不凑巧，那时北伐战争进展非常顺利，革命的政治和军事中心已随着国民革命军的进军步伐，陆续移到了武汉，创造社一班人也大多去了武汉。鲁迅盼望了很长时间的“会师”未能实现，结成“统一战线”的想法也便因此化为泡影。好在中共广东区委已派代表毕磊与鲁迅取得了联系，鲁迅要与实际革命接触的想法，还没有彻底落空。但他已初步感觉到这个曾经是他心向往之的革命策源地，现在已经变成革命的后方，一切似乎不免带上一些“灰色”。在一次学生召开的欢迎会上，鲁迅公开讲了他对广州的感受和看法。他说：“广东还是个旧社会，跟其他的旧社会并没有两样，新的气象，不大见得。”“至于文艺出版物稀少，完全不像革命策源地的样子。这除了‘懒’，再没有旁的理由了。”鉴于此，他又带有煽动性地说：“广东实在太平静了，我们该是找刺激去！不要以为目的已达，任务已完，像民元革命成功时说的可以过着很舒服的日子！”①

①《鲁迅在广州》。

2月10日，鲁迅被任命为中山大学文学系主任兼教务主任，并被安排讲授文艺论、中国文学史、中国小说史等三门课程。3月10日，鲁迅在学校开学典礼大会上以教务主任的名义发表了“读书与革命”的讲演。他说：

现在我因为职务上的关系，不能不说几句话，……我想中山大学，并不是今天开学的日子才起始的，三十年前已经有了。中山先生一生致力革命，宣传，运动，失败了又起来，这就是他的讲义。他用这样的讲义教给学生，后来大家发表的成绩，即是现在的中华民国。中山先生给后人的遗嘱上说，“革命尚未成功，同志仍须努力”。这中山大学就是“努力”的一部分。为要贯彻他的精神，在大学里，就得如那标语所说，“读书不忘革命，革命不忘读书”。因为大学是叫青年来读书的。

本来青年原应该是革命的。因为在科学上已经证明：人类是进步的。以前有猿人，……后来才有了原人。虽然慢得很，但可见人本来是进化的前进的。前进即革命，故青年人原来尤应该是革命的。但后来变作不革命了，这是反乎本性的堕落，倘用了宗教家的话来说，就是：受了魔鬼的诱惑！因此，要回复他的本性，便又另要教育，训练，学习的功夫了。

中山大学不但要把不革命反革命的脾气去掉，还要想法子，引导人回复本性，向前进行到革命的地方。

革命是要有经验的，所以要读书。但这可很难说了。念书固可以念得革命，使他有清晰的，20世纪的新见解。但也可以念成不革命，念成反革命，因为所念的多属于这一类的东西，尤其是在中国念古书的特别多。

中山大学在广东革命政府之下，……是中国青年最吃力的地方了，……一方要读书，一方又要革命。

有许多早应该做的，古人没有动手做，便放下了，于是都压在后人的肩膀上，后人要负担几千年积下来的责任。……因此青年们要读书不忘革命，的确是很吃苦，很吃力的了，但在现在状况之下又不能不这样。

青年应该放责任在自己身上，向前走，把革命的伟力扩大！

要改革的地方很多：现在地方上的一切还是旧的，这些都尚没有动手改革。我们看，对于军阀，已有黄埔军官学校同学去攻击他，打倒他了。但对于一切旧制度，宗法社会的旧习惯，封建社会的旧思想，还没有人向他们开火！

中山大学的青年学生，应该以读书得来的东西为武器，向他们进攻——这是中大青年的责任。我希望大家一同担负起这个责任来。①

---

①《鲁迅在广州》。

鲁迅不仅自己对思想革命保持着始终不渝的态度，而且始终对青年们抱有希望。为了使这希望不至于落空，他在“文艺出版物稀少”“完全不像革命策源地”的广州，专门开了一家书店，叫北新书屋。这事本来是孙伏园搞的。但孙伏园将房子租好后，便去了武汉，走的时候，把租好的房子交给了鲁迅。鲁迅要开书店，这在他的一生中是第一次，也是唯一的一次。事先设想好要经营的书目，主要是未名社和北新书局出版的文艺书籍，由于书一时还寄不来，鲁迅便将空房锁起，陆续支付了六十元的房租费。他说，虽然没有书，然而总算在开书店。好在学校没有欠薪，还可以支持的。这样开空书店的时间维持了两个多月，书终于寄来了。北新书屋也终于开张了，开张的第一天“就很不算冷落”。当然，鲁迅是没有时间直接去卖书的，他雇了一位店员，一直支撑到离开广东前一个月，才停止了营业。

鲁迅自己办书店，一方面为了青年，一方面也为了他自己，他要与青年们一同以读书得来的东西为武器，向“一切旧的制度，宗法社会的旧习惯，封建社会的旧思想”进攻。

然而实际的情况是，他“抱着梦幻”来到广州，铁的严酷的现实很快便把他从梦境中“放逐了”。还在书店刚刚开张不久，广州便发生了“四一五”大屠杀，他“目睹了同是青年，而分成两大阵营，或则投书告密，或则助官捕人的事实！”同时他还看见了中山大学——这所革命大学的当局者如何助纣为虐的事实！他悲愤难抑，决心辞职，“四一五”反革命政变发生还不到一个星期，他便同许寿裳、许广平一同辞去了中山大学的一切职务，连同教职在内。他说：“教界这东西，我实在有点怕了，并不比政界干净。”

在辞职前，鲁迅事先从大钟楼搬出，住进了他自己租来的房子里。这地方叫白云楼，站在楼上，远望青山，近临小巷，环境清静，本是读书的好地方。然而当他亲眼看见“许多血和许多泪”之后，这座本来清雅幽静的寓所，却让他感觉到从未有过的憋闷与窒息。他准备迅速离开广州，但有流言到处传播，说他要躲藏了，逃走了……他于是不躲也不逃，就住在广州，在这所憋闷窒息的寓所里，日夜挥毫，潜心写作，一直熬到1927年9月底，才坦然地离开广州。

从1926年8月底出北京，进厦门，转广州，到1927年9月底离开广州，在一年零一个月的时间里，他经历了生活上的诸多波动和精神上的沉重创痛，带着这一切，他走进上海，并长期定居在上海。

景云深处

鲁迅和许广平到上海是1927年的10月初，刚到时住在一家旅店内，在上海商务印书馆做编辑的三弟周建人几乎天天来看望陪伴鲁迅。周建人看鲁迅长期住在旅店内不方便，就在他自己的住宅宝山路附近的景云里找了一处空房，让鲁迅住，并给鲁迅介绍说景云里内还住着茅盾、叶绍钧等许多文化界知名人士，鲁迅看了房子后觉得还好，于是就在10月8日从共和旅店迁入景云里第二弄二十三号居住了。

由于1927年“清党”事件的刺激，鲁迅在悲愤与仇恨交集的心情下，怀着对叛变革命的新军阀的警惕和蔑视来到了上海。初到上海，他并没有打算长期定居，心里想的是走着瞧，所以购置了几件必备的家具如桌子、椅子、床等，也没有雇工友，吃饭便搭伙在周建人家里，有时也和朋友们一起吃。

景云里二十三号的前门，正对着茅盾家的后门，当鲁迅搬进去时，茅盾则因国民党的通缉逃到日本去了，家中还留着他的母亲、夫人及孩子们，生活上有什么不方便之处，就由住在近旁的叶绍钧来照应，再远一点还有周建人等一批长期工作在商务印书馆的同事，鲁迅就在这许多熟人、朋友中间安身了。

但是，这里并不安静。鲁迅住的二十三号是景云里第二弄的最末一家，右旁是闹市大兴坊，北面则直通大街宝山路。路上经夜行人，大兴坊里有唱京戏的，有吵闹的，使鲁迅夜间读书写作颇感烦恼。还有隔壁的住户爱打麻将，打麻将的人有时兴起，把牌重重敲在红木桌面上。鲁迅静夜深思，被这意外的惊堂木式的敲击声和狂笑声所纷扰，常常禁不住要掷笔长叹。尤其在夏天，爱打牌的邻居们既要乘凉，又要打牌，就把牌桌搬到院子里，啪啪的摔牌声更响亮地传到鲁迅的寓所里，使他简直有点苦不堪言。弄内平时的意外袭扰也有，一次鲁迅和许广平正在寓所里看书，突然传来了一阵紧迫的枪声，经了解才知道是一名绑票的匪盗与警察发生了枪战，流弹还打穿了二十三号房的一扇玻璃窗，窗上留下的那个小小的圆洞，成了鲁迅这段嘈杂生活的“惊险”纪念。

有嘈杂、有惊险，当然也有温馨。自从鲁迅搬进景云里二十三号，经商议就和周建人家一起合伙吃饭，柴米油盐等杂务由周建人妻子王蕴如的一位亲戚管理，烧饭的地点就在二十三号的楼下。这时鲁迅与许广平已经结婚，两家合起有十来口人，而生活上的大小事务则全由周建人夫妇处理，鲁迅兄弟朝夕相处，怡怡相聚，这又是让他感到非常快活的。后来，弄内十八号有了空屋，房子也比较宽敞，鲁迅便约周建人，两家一起搬进十八号同住，既避开了二十三号的嘈杂，生活上也更方便了。再后来，十七号也空下了，为了使两家居住宽敞，往来方便，鲁迅决定租下十七号，打通十七号与十八号。正在粉刷施工期间，一个小偷在还没有住进人的十七号守候了一夜，准备向鲁迅家行窃。鲁迅每晚都睡得很迟，有时开亮厨房的灯烧水煮茶，有时开亮亭子间的灯去上厕所。到了凌晨三点以后，鲁迅睡眠前去漱口，小偷却以为是人已经起床了，动手不得，气恼之下，将粪便撒满楼梯，自动离去了。事后，鲁迅笑着对人说："他对我一点也没有办法，只好撤退了。"

1930年3月，鲁迅因参加中国自由运动大同盟和左翼作家联盟，遭到反动当局的通缉和迫害，不得已迁出景云里，搬到了北四川路公寓三楼四号。这座公寓中居住的都是日本侨民，只有鲁迅一家是中国人。鲁迅的寓所是保密的，当时原房客离华返回日本，经内山完造介绍迁到此处。故房间门口挂着"内山"的门牌，鲁迅住在三楼右边一个山门里。这套房屋有一间客厅，一间餐厅，两间卧室，后边还有几个小屋。鲁迅搬到这里后度过了一段稍为安静的日子。

1932年“一·二八”淞沪抗战爆发后，日本人的飞机频繁地在上海城内施行轰炸，鲁迅寓所数次遭受弹袭，鲁迅不得不避居他处。战役结束后，鲁迅回到寓所一看，五六块窗户玻璃被震破，其余未震破者也留下了不少弹孔，所幸的是灰尘堆中的书籍却安然无恙。鲁迅收拾好破败的家屋，再回寓所。

这时儿子海婴已经长到会说话会走路了，他经常跑到鲁迅收拾得整整齐齐的书斋里乱翻，有时翻杂志，有时翻有插图的书籍。鲁迅在一般情况下是对他采取放任态度，有时要构思写作了，便对他做些干涉，说：“你这小捣乱看好了没有？”而海婴呢，有时在父亲的干涉下含笑走了，有时则对父亲的干涉也要表示一些反抗。据郁达夫回忆说：“记得有一次，我到鲁迅的书斋里去的前一刻，海婴正在那里捣乱，翻看书里的插图。我去的时候，鲁迅正在整理被翻乱的书。他一见到我，就大笑着说：‘海婴这小捣乱，他问我几时死；他的意思是我死了之后，这些书本都应该归他的。’鲁迅的开怀大笑，我记得要以这一次为最兴高采烈。”①

1933年4月，鲁迅因参加中国民权保障同盟，再次遭到当局的追查。和鲁迅一起发起组织同盟的杨杏佛竟被国民党

---

①《回忆鲁迅》。

特务所暗杀。不得已，鲁迅又从北四川路公寓搬迁到大陆新村九号。这是一处三层楼的寓所，上下有五六间房，院子也挺大，院中还辟出一小块花园。虽然房子多了，但将鲁迅的书放进去，却并不显得有多么宽敞。一间是专门的藏书室，一间是工作室兼书房，这两间基本上都被书占去了。另外在楼下的会客室里也放了满满两大架书。鲁迅就在这个寓所的书的包围中，度过了他人生最后的三年半时间。

从1927年10月到1936年10月，鲁迅在上海的整整九年时间里，“破帽遮颜”，数次避难；“挈妇将雏”，几经迁居。以顽强的毅力和韧性的战斗，完成了双倍于此前的创作任务，成为一位彪炳千秋的民族伟人。

特殊的“蜜月”旅游

查《鲁迅日记》，1928年7月鲁迅与许广平曾去杭州游玩一次。有人说这是他俩的蜜月旅行。然而当我们查清事实真相后便觉得，即使把此行看成蜜月旅行，也应当在蜜月旅行之前，加上“特殊”二字。

关于鲁迅与许广平的婚姻，鲁迅逝世后在许寿裳、周作人、许广平三人合作编写的《鲁迅年谱》的草稿中曾有过这样的记载：“十六年（指1927年）10月与番禺许广平女士以爱情相结合，成为伴侣。”但是这个记载曾经有过反复。据许广平说：“关于我和鲁迅先生的关系，我们以为两性生活，是除了当事人之外，没有任何方面可以束缚，而彼此间在情投意合，以同志一样相待，相亲相敬，互相信任，就不必要有任何俗套。我们不是一切的旧礼教都要打破吗？所以，假使彼此间某一方面不满意，绝不需要争吵，也用不着法律解决，我自己是准备着始终能自立谋生的，如果遇到没有同住在一起的必要，那么马上各走各的路，所以在寄给许先生的后十年年谱里，在十六年10月我是写着‘……与许广平同居’这六个字简单明了的记载，把许先生那两句的好意而其实是当然的事实不要记在纸上了。但是经不起许先生的仔细，把‘番禺’和‘女士’两字加上了，这就是现在所刊载的。”[①]这已经说得很清楚了，他们俩的结合，实际就是恋爱而同居，没有举行任何俗套的仪式。许广平在《欣慰的纪念》中还谈到过鲁迅自己对结婚的主张。她说：“关于结婚请酒，鲁迅先生曾有个诙谐的卓见，他说：‘人们做事，总是做了才通知别人。比如养了孩子，满月了才请吃喜酒，这是不错的。却是为什么，两性还没有同居，就先请吃结婚酒呢？这是否算是贿赂，请了客就不会反对。’”

鲁迅与许广平在结婚问题上都不主张俗套，但他们毕竟还有些约定，就是去杭州旅游。1927年9月中旬，鲁迅还没有离开广州时，曾给在杭州的川岛写信说他自己打算到上海后，暂不回北京，到南京去两三天，然后到杭州看看西湖。这显然就是所谓的“蜜月”旅行的打算。然而一到上海，很快就被杂事所缠，脱不开身了。川岛说：“等到西湖的芦花

① 许广平《〈鲁迅年谱〉的经过》。

开了，我就去信约鲁迅先生来杭州看芦花，得到的回信是说且待梅花开时再来看梅花吧。到梅开时节，学校放寒假了，看样子鲁迅先生未必能来，我就打算到上海去看他，他也来信盼我能去。我正要去，不幸我在此时遭了祖母的丧事要回绍兴，没有去成。等丧事办完，回到杭州，下学期又要开学了，只好一直忍着，等到1928年的暑假，我才到上海去看他。”就是这次上海之行，说动鲁迅去杭州的。

鲁迅之所以把蜜月旅游目的地放在杭州，一是因为杭州有西湖，另一则是因为杭州有古旧书籍。鲁迅的另一个学生许钦文也在杭州教学，他与许钦文谈起杭州时，都是以古旧书籍为主的。他说浙江图书馆里的古旧书，有许多善本，也有不少孤本；《四库全书》残缺的部分，也已抄补完成了。尤其是抱经堂的古旧书，是可以购买的。鲁迅到上海后就常常写信让许钦文到抱经堂去找古旧书目录寄给他，然后再写信来买他需要的书。但这样信件往返一段时间后，需要的书往往就卖完了。因此，鲁迅想借这次旅行机会，去浙江图书馆翻翻那些少有的孤本善本，也去抱经堂买一点自己需要的书。这便给这次蜜月旅游带上了另外的任务，他准备在杭州待一个星期。

鲁迅与许广平是从7月12日的晚上从上海出发，午夜到达杭州的，住在清泰第二旅馆，一路上都由许钦文陪同，当晚许钦文便与鲁迅、许广平同居一室。这也是鲁迅事先安排好的，他要许钦文在杭州期间时时陪着他，连同晚上的时间在内。据说鲁迅这样安排是因出来后怕遇到意外的麻烦，许钦文作为鲁迅的私淑弟子只好听命。

第二天上午在浙江大学文学系执教的郑石君和茅尘来一块儿畅谈，中午由郑石君宴请到楼外楼吃午餐。饭后便一起到西泠印社四照阁喝茶闲谈，一直谈到傍晚，主要谈的是萧伯纳和高尔基的作品，也谈到了中国的绘画和雕刻。临走的时候，鲁迅在西泠印社买了《摹刻雷峰塔砖中经》《贯休画罗汉像石刻》影印本和汉画像的拓本。

第三天由鲁迅回请郑石君吃午宴，并邀川岛、茅尘同陪，许钦文当然也在其中。下午游完灵隐寺之后，由于吃得有点腻，鲁迅拉肚子了。晚上和第二天的上午，鲁迅便在旅馆服药休息。下午腹泻好了，大家再一起去游虎跑，喝龙井茶。

到第五天的上午，鲁迅突然问同室居住的许钦文说："钦文，你知道女人是什么？"许钦文对鲁迅的突然发问感到莫名其妙，一时竟无以应对。鲁迅故意表现出很郑重的神态说："是寒暑表！一晒太阳，有时只是照着了阳光，就热呀，热呀地嚷个不了。一到泥塑的老虎脚边，就冷啊冷啊地喊起来。回到旅馆里，就又热呀热呀地嚷个不了。这不是寒暑表么！"这究竟是鲁迅的突发奇想，还是经验之谈，抑或是切身感受，谁都不知道。但这是鲁迅这次蜜月旅游中唯一谈到的有关女人的问题。

这一天，鲁迅没有出游，而且已经决定要回上海了。下午由茅尘和许钦文陪鲁迅与许广平一道上街买东西。说是买东西，其实主要是买书。他们首先就来到抱经堂，鲁迅买了《还魂记》和《百美新咏》各一部，《八大山人画谱》一本，王刻《红楼梦》一部二十四本。然后又到杭河坊去买龙井茶。鲁迅对大家说：龙井茶叶杭州出售的比上海可买到的好。古旧书杭州的比上海的价钱贵。不过在上海买不到的，只好多花钱到杭州来买。以前有些学者、读书人，把古旧书当作筹码用。手头宽裕的时候，把喜欢的古旧书买进，到了等钱用的时候，就把古旧书卖给古旧书店。一进一出，或者要打点折扣，可是书已读过，得到了知识，并非真正地亏了本。因此在杭州比在上海容易得到更多种类的古旧书。

第六天的一早，鲁迅偕许广平乘车回了上海。原打算在杭州游玩一个星期，实际上只住了四个整天。在这四天时间里，两天游玩，两天买书，游玩和买书占用的时间是均等的。而且在杭州住的五个晚上，都由许钦文陪伴着他们俩，这的确是一次特殊的蜜月旅游。

据说鲁迅之所以要匆匆返沪，一者因为腹泻而身体感到疲倦；一者则是担心上海方面会发生什么新的事情。据一直陪伴他的许钦文分析：“鲁迅先生是一向紧张地战斗惯了的，一松懈，就难免若有所失。”而对于鲁迅来说，这次蜜月旅游，最大的遗憾则是没有能到浙江图书馆去看书。

“硬　译”

鲁迅出北京，到厦门，赴广州，初衷原在追寻革命。现在来到上海，仍然不弃初衷，意在思想文化战线上，给曾一度高涨现在又处于低谷的革命运动以呼应。1927年11月，创造社主要成员郭沫若、成仿吾等人经历了“四一二”和“四一五”政变后，辗转来到上海拟联合鲁迅创办刊物。11月9日，原创造社成员郑伯奇、蒋光慈、段可情来景云里寓所访问鲁迅，提出“合作邀请”的意向，鲁迅颇感高兴，当即表示同意，并共同商定首要的工作是恢复《创造周报》，编辑委员由成仿吾、郑伯奇等四人担任，由鲁迅、郭沫若、蒋光慈、冯乃超等三十余位文化界名人组成特约撰述员队伍。鲁迅抑制不住久积心底之夙愿实现后的兴奋，当晚操办了家宴，“食蟹、饮酒”，乃至“大醉”。

然而就在《创造周报复活宣言》即将发表的时候，新从日本归国的创造社激进派人士李初梨、彭康、朱镜我、冯乃超会同成仿吾提出了新的主张，认为《创造周报》的使命已经过去，现在需另办刊物，“提倡无产阶级文学”。这样刚刚谈妥的联合作战计划突然又搁浅了。1928年1月15日，创造社成仿吾等人新拟出版的刊物《文化批判》创刊号出版，冯乃超在其中撰写《艺术与社会生活》一文，开始批判鲁迅、叶绍钧、郁达夫。接着，源源不断的态度激进的文章发表出来，矛头主要指向鲁迅，说鲁迅是“有闲阶级”“没落者”“封建余孽”“不革命即反革命者”，等等，有些文章甚至还施行了人身攻击，说鲁迅是“醉眼蒙眬”“露着满口黄牙”“静观人生”的“老头儿”，还有说是落后于文明人类的“猩猩”等。正像鲁迅自己描述的那样：“我是在二七年被血吓得目瞪口呆，离开广东的。”“但我到了上海，却遇见文豪们的笔尖的围剿了，创造社，太阳社，‘正人君子’们的新月社中人，都说我不好，连并不标榜文派的现在升为作家或教授的先生们，那时的文字里，也得时常暗暗地奚落我几句，以表示他们的高明。”[①]当时的情况确实是这样，批判鲁迅的人大多是激进的年轻人，他们初登文坛，为了捞取名声资本，往往要倾其全力，向鲁迅射上几箭。

---

①《三闲集·序》。

对于这突如其来的围剿挞伐，鲁迅最初有点“坠入五里雾”的感觉，后来便领悟到了其中的许多奥秘。他觉得自己虽然有些落伍，但批判者的挞伐，却没有一箭能射中要害。为了能够真正认清自己以及所处的时代，他决定重新开始学习，再读几本“基本书”，并译介给当时乱糟糟的文坛，以校正自己，也校正那切不中要害的挞伐者们。而译介国外先进的书籍、思想和思潮，正是他一贯的主张。他在稍后时期总结这段经历时曾这样说：“从前年以来，对于我个人的攻击是多极了，每一种刊物上，大抵总要看见‘鲁迅’的名字，而作者的口吻，则粗粗一看，大抵好像革命文学家。但我看了几篇，竟渐渐觉得废话太多了。解剖刀既不中腠理，子弹所击之处，也不是致命伤。……人往往以神话中的普罗米修斯比革命者，以为窃火给人，虽遭天帝之虐待不悔，其博大坚忍正相同。但我从别国里窃得火来，本意却在煮自己的肉的，以为倘能味道较好，庶几在咬嚼者那一面也得到较多的好处，我也不枉费了身躯：出发点全是个人主义，并且还夹杂着小市民性的奢华，以及慢慢地摸出解剖刀来，反而刺进解剖者的心脏里去的‘报复’。”①

从1927年年底开始到1928年，鲁迅先后购买了《革命艺术大系》《革命俄国的艺术》《艺术与社会生活》《俄国

①《“硬译”与“文学的阶级性”》。

文学史》《无产阶级的文化》《俄国革命后的文学》《列宁与高尔基通信集》《什么是阶级意识》《社会主义从空想到科学》《俄罗斯劳动党史》《唯物史观解说》《阶级斗争理论》《唯物的历史理论》《马克思主义的根本问题》《马克思艺术论》，等等，约有六十种书籍，开始系统地学习与研究马克思、列宁主义基本原理和革命文艺理论。在给许广平讲解日语的时候，选的教材就是日文版的《马克思读本》。在阅读的同时，鲁迅又从中选择了卢那卡尔斯基的《艺术论》、普列汉诺夫的《艺术论》以及汇辑苏联文艺界各派论战会议记录和第一次无产阶级作家全联邦大会决议等文件的《文艺政策》三部书，作为重点研读书目，并着手开始翻译。

1928年2月，鲁迅将在北京被迫停刊的《语丝》移到上海重新出刊，自己亲任主编，主旨在介绍欧洲文学和版画，组织出版丛书和画册。同年6月，鲁迅与郁达夫联手创办了以刊载文学创作和翻译作品为主的杂志《奔流》。这样，鲁迅自己翻译的和组织翻译的革命文学理论和革命文学作品接连不断地在这些杂志上刊登出来。

在此期间，鲁迅通过自己的学生王方仁和崔真吾结识了柔石，在鲁迅的指导下，这几个青年组织了一个目的在于介绍苏联、东欧、北欧，以及西方国家里进步作家的文学作品和木刻版画等艺术作品的团体——朝花社。鲁迅又通过柔石认识了冯雪峰。冯雪峰回忆说："我去见鲁迅先生，有两个原因。一个原因是，我从柔石谈到鲁迅先生的话里，觉得鲁迅先生是很好接近的，他是真正肯帮助青年的。另一个原因，也就是我去见他的主要目的，是我那时候正在从日本译本转译马克思主义的文艺理论作品，碰到的疑难，没有地方求教，知道鲁迅先生也在从事马克思主义文艺理论的翻译工作，所根据的也是日本文译本，所以我去见他，是想请他指教，并且同他商量编一个马克思主义文艺理论的翻译丛书。"[①]不久，在鲁迅的主持下，一套以"科学的艺术论丛书"为总题目的马克思主义文艺理论丛书公开出版了。其中有鲁迅翻译的卢那卡尔斯基的《艺术论》与评论集《文艺与批评》《文艺政策》、普列汉诺夫的《艺术论》等四种书。

不料鲁迅译介的革命文艺理论在杂志上刊登和印成书出版后，却又引来了新月派特别是梁实秋的围剿。梁实秋专门写了一篇文章《论鲁迅先生的"硬译"》，认为鲁迅翻译无产阶级文学理论方面的书，"文法之艰涩，句法之繁复，简直读起来比读天书还难"。他分析，这就是没有"用中国人所能看得懂的文字"翻译，而用"硬译"方法翻译的结果。他说，"硬译"虽然比"曲译"要好，但又很容易或者说很像"死译"，而"死译之风"则"断不可长"。"宣传无产

① 《回忆鲁迅》。

文学的书而竟这样的令人难懂，恐怕连宣传品的资格都还欠缺。”为此，鲁迅专门写了《“硬译”与“文学”的阶级性》一文，给以强有力的反驳，使梁实秋在翻译问题上再未能找到发言的机会。

其实，我们从读书领会原作本意的角度去看，用“硬译”来概括鲁迅的翻译风格，或许正反映了鲁迅读书而抄书的坚毅品格和韧性精神，只有“硬译”才能真正领会原作的本意。

一张地图

1954年，上海鲁迅纪念馆整理鲁迅遗物时，在一本杂志中发现夹有棕色格子的稿纸，稿纸背面用青莲色复写铅笔写有几处地名和画着一些曲线。随着岁月的流逝，铅笔色泽已淡漠了，但还看得清楚这些地名是湖北、河南、安徽三省交界地区的县镇。从字迹看，既不是鲁迅的，也不是许广平的。后经查证，原来是红军将领陈赓1932年会见鲁迅时，为了谈话方便，随手画的鄂豫皖根据地形势图。图上端的一条短线是京汉铁路，下端的长线是安徽省的淠河，中间弯弯曲曲的线条是大别山脉。

鲁迅和陈赓会见是在1932年的夏秋之际。当时，陈赓因参加红四方面军突围西征的战斗，腿部负伤，来上海治疗。上海地下党得知消息后，派时在中央宣传部工作的朱镜我等人去看望陈赓，陈赓给他们讲述了红军反“围剿”过程中的英勇战斗故事，朱镜我听了很受感动，经过整理，打印了一份材料，在党内同志中传阅。大家看了后认为是一份十分珍贵的资料，如能有一位大手笔，将此加工成文学作品，一定会产生很大的政治影响。于是有人想到了鲁迅，冯雪峰便将这材料拿给鲁迅看。鲁迅看了之后，也被这些故事深深地打动了，就向冯雪峰打听材料的来源。冯雪峰告诉他是来此养病的陈赓将军亲自讲述的，并向他转告了党内同志的希望，还说斯诺、史沫特莱等外国记者将红军的事迹写成文艺性的报告，已在国内外产生了很大的影响。鲁迅表示可以试试，并希望陈赓能来他家里面谈。

过了一段时间，经上海地下党组织批准和安排，由冯雪峰陪同陈赓来到北四川路鲁迅寓所，会见了鲁迅，向鲁迅详细讲述了红军反“围剿”斗争中根据地人民的生活和文化方面的情况。鲁迅向他询问了苏区的土地改革，改革后人民的生活状况和思想变化，地主在改革中的表现，等等。陈赓又特别给他讲了翻身农民怎样父送子、妻送夫参加红军的热烈场面和动人情景。鲁迅听了后感到特别新鲜和振奋。陈赓很清楚地记得自己无意中讲到苏区农民家的窗子，四面都开了窗户的细节，引起了鲁迅的特别关注，并对陈赓说：“人民的生活好了，注意卫生条件改善了，四面都开窗户，空气一定很流通，这是一个进步。”这天，鲁迅的心情非常兴奋，谈话到一定时间，特地让许广平准备了好多菜，热情款待了陈赓将军。

这天谈话以后，鲁迅的创作欲望更强了，为了更深入地了解红军的战斗生活，他再次请求陈赓将军来他家里叙谈。上海临时中央宣传部决定派时在江苏省委工作，又为“左联”成员的楼适夷陪同陈赓将军去鲁迅家。这次谈话的主要内容是战争，陈赓非常具体地讲述了红军反“围剿”战斗的艰苦和剧烈，红军战士在战斗中的勇敢和忠诚，以及战斗过程中军民互相配合的亲密关系。当陈赓谈到红军将士出奇制胜、大声呐喊、勇敢拼杀的情景时，鲁迅激动地问道：“是这样的么？”“真是先声夺人呵！”陈赓还向鲁迅讲了一位老大娘奋不顾身掩护伤员的故事和红军司令员坐在田头与农民一起抽旱烟、拉家常的情景。这些都引起了鲁迅的极大兴趣。

这次谈话谈了整整一下午，鲁迅一直坐在躺椅上没动，只是听着，问着，有时默默地点点头。陈赓为了帮助鲁迅具体了解当时的地理环境和斗争形势，谈话间，随手画了一张简要的鄂豫皖革命根据地的形势草图。直到傍晚，许广平出来请陈赓将军吃饭，鲁迅亲自打开一瓶保藏了很久的三星斧头牌白兰地酒。饭后，陈赓雇了一辆车，独自回了医院。

鲁迅送走陈赓以后，随手把陈赓留下的那张草图夹在一本杂志里。后来有人和他谈起这件事，他说：“写是可以的，写一个中篇，像《铁流》似的写，有战争气氛，人物的面目只好模糊一些了。”[1]由于其他工作的需要和对红军战斗生活、人物形象缺乏实感，鲁迅一时未能完成这个写作任务，但他时常想着等到以后材料准备充分的时候再写。然而，由于种种条件的限制，他最终也没来得及将这部作品写出来。不过，这张地图和冯雪峰最初给他拿的那份材料，他却一直保存着。据许广平回忆，鲁迅在多次避难过程中，每次都郑重其事地将这些材料藏来藏去，唯恐丢失。新中国成立后，有关部门在整理鲁迅遗物过程中，发现了那张地图，而那份材料还是不幸丢失了。可以说这张地图在鲁迅所有的书籍资料中，是具有特殊意义的一份珍品。

关于红军战斗故事的作品，由于具体条件限制未能写成，但是鲁迅通过两次与陈赓将军的谈话，对中国共产党和中国工农红军有了活生生的印象，并产生了深厚的感情。三年以后，中国工农红军冲破国民党的围追堵截，跋涉万水千山，胜利到达陕北根据地。鲁迅闻讯，内心按捺不住对红军的崇敬和对胜利的激动，打电报祝贺说：“在你们身上，寄托着中国和人类的希望！”

---

① 《新文学史料》1983年第3期。

秘密书屋

在上海鲁迅纪念馆珍藏着一块木牌，木牌为本色松板，长23.4厘米，宽11.4厘米，厚1.5厘米，右边有3厘米宽的黑边，中间写着“镰田诚一”四个行书黑字。看似与鲁迅毫无关系，但它却是上海时期鲁迅读书生活最珍贵的纪念。

从1928年开始的革命文学论争，经两年时间的笔战，于1930年初结束了。名为理论论争，可结束时在理论上并未争出一个一致的结论来，不过在实践上却获得了一个使大家都满意的结果——这就是“中国左翼作家联盟”的成立。鲁迅终于看到了一个盼望已久的进步作家的联合体，一条统一战线。而创造社、太阳社一批激进革命文学家也再不要为打倒别人而浪费时间了，他们可以把全部精力投入到创作实践中去。这是一个皆大欢喜的结果。然而有了革命的进步的欢喜，必然会给反革命的落后带来灾难与悲哀，这一点国民党政府当局是十分清楚的。因此，从1930年开始，国民党政府以文攻武围双管齐下的方式展开了对左联及其他进步文学社团的反革命围剿，他们“禁止书报，封闭书店，颁布恶出版法，通缉著作家”，“将左翼作家逮捕、拘禁、秘密处以死刑”，制造了无数次“文字狱”式的惨案，其中左联五烈士的惨案是最为触目惊心的。

在不能宣传马克思主义，不能提倡革命文学，甚至不能公开阅读马克思主义书籍的情况下，鲁迅的战斗不得不不断地变换方式来迷惑敌人。从1927年开始到1930年第一次搬迁时，鲁迅已经购买收藏了数百种马克思主义书籍，为了遮掩敌人的耳目，鲁迅在北四川路的新寓所门上贴上了“内山完造”的字条。1933年鲁迅从北四川路公寓搬迁到山阴路大陆新村九号后，为了妥善珍藏这些革命书籍，又通过内山完造，以内山书店一个日本职员镰田诚一的名义，在溧阳路（原名狄威思路）租了一个房间，用来存放和学习马列著作和其他进步书籍。《鲁迅日记》1933年3月27日载：“下午移书籍至狄威思路。”为了确保安全，鲁迅在门口挂了一块“镰田诚一”的木牌。这里便成了鲁迅的秘密书屋，而这块写着“镰田诚一”的木牌，则成了鲁迅秘密书屋的唯一标志和永久象征。

秘密书屋在一座普通砖木结构式小楼房的二楼，面向溧阳路，是一个单间，面积约24平方米。这里除了珍藏几百种马列著作外，还存有马、恩、列的明信片，列宁的照片、画片，巴黎公社的画册，以及其他社会科学方面具有进步倾向的书籍。这里不仅是鲁迅的藏书室，而且还是鲁迅的读书室，凡藏在这里不宜拿出去的书，鲁迅需要翻阅时，就来这里阅读。

尽管鲁迅对这个秘密书屋做了很周到的伪装，但他对敌人的追查还是保持着高度的警惕，并做了随时转移的准备。这里的书架，是用厚木板钉成的，鲁迅曾对朋友说："这些书架全部是木箱，装满了书就是书箱，打开来就是书架。任何时候都可以装上卡车转移。"这说明鲁迅建立秘密书屋，不仅是对敌人的警惕，同时也是对这些书籍的一种珍爱。无论环境多么险恶，斗争多么艰苦，他都要把这些书始终带在身边，坚持学习，患难与共。就在鲁迅逝世前不久，他还公开宣告："倘能生存，我当然仍要学习。"

鲁迅的一生，其实也是不断学习的一生。

与内山书店

鲁迅一生进进出出过多少书店，现在已无法统计了，然而与鲁迅最有缘分、关系最密切的书店只有一家，就是内山书店。内山书店的主人叫内山完造，最初由内山完造的妻子内山喜美子开办，后来由于业务扩大，便由内山完造亲自主持。

内山书店设在上海北四川路魏盛里。1927年10月3日，鲁迅从广州来到上海，住在共和旅店，10月5日，鲁迅便和许广平一起到内山书店去买书了。第一次去内山书店，鲁迅穿灰布长衫，脚蹬白色橡皮底鞋，由于穿着朴素，店内负责的日本人提醒中国雇员王宝良：注意看着这个人，他可能会偷书。但主人内山完造当时的主张是，遇到这种情况，不要声张，怕减少来客。鲁迅就这样被内山书店注意过。然而这种监视式的注意过了很短时间后，就被惊讶式的注意所代替，因为鲁迅这位外表看去根本没有购买力的人，却选购了一大摞书。

10月8日上午，鲁迅和许广平从共和旅店移住到景云里23号，下午，鲁迅又到内山书店去买书，内山夫人看到鲁迅又来买书，就把前几天买书的事告诉了内山完造。内山完造当即用日语和鲁迅打招呼，鲁迅也用日语回答他的问话，两人开始认识了。又一天，鲁迅一个人到内山书店，挑了十多种书，然后坐在书店内为顾客准备的沙发上，一边喝茶，一边抽烟，指着挑好的书，用非常纯熟的日语对内山说："老板，请你把这些书送到景云里23号去。"内山回问："尊姓？"鲁迅回答说："叫周树人。"内山一听，吃惊地说："啊——你就是鲁迅先生么？久仰大名了，而且也听说是从广东到这边来了，可是因为不认识，失礼了。"据内山完造回忆说："从那时候起，先生和我的关系就开始了。"①

由于景云里离魏盛里很近，内山书店又为客人专门设了茶座，所以鲁迅常常散步就走到内山书店里去了，有新书就买几本，没有便坐着闲谈一会儿。这样的几次之后，内山完造就和鲁迅谈了他和郭沫若的交往。他说，郭沫若曾在他店内住过，后来时间长了，便成了老朋友。郭沫若去日本后，

---

①《鲁迅先生》。

每有新的作品寄回中国，都由他来代理。内山完造与鲁迅的闲谈中还表明过这样的态度："不出卖朋友的人，在日本人中也有的。"这意思是向鲁迅表示，他绝对会保障鲁迅的安全。经多次接触了解，鲁迅逐渐确认，内山是可以信赖的朋友。1929年内山书店的营业量更为扩大，书店便从魏盛里迁往千爱里，地方宽敞了，内山专门挪出地方开设了客人漫谈席。鲁迅住的景云里离这里虽然远一点了，但也常来。

1930年，国民党政府对进步文化界开始文化围剿，鲁迅被迫时常过着一种地下生活，曾有四次遭到反动警方的追查通缉，而每次遇险，鲁迅都在内山完造的帮助下安然脱险。鲁迅在上海时期两次举家搬迁，新寓所都是内山给找的。第一次寓所门口挂的是内山的招牌，第二次则为避免搜查所收藏的红色书籍，又在秘密书屋挂上了内山书店职员镰田诚一的招牌。由于多次的真诚帮助，鲁迅与内山的关系逐渐亲近，友谊逐渐加深。鲁迅后来迁居的寓所均离内山书店较近，"在执笔得疲乏了，或是看书倦了的时候，就荡过来"（内山语）参加内山书店的漫谈会。

漫谈会是设在漫谈席上的漫谈，没有固定人员，没有固定内容，也没有固定时间，但由于内山书店是一家具有较高品位的书店，来逛书店看书、买书的人，大多都有较高的文化素养。因此，这些人的漫谈也就不至于是"今天天气……哈哈哈……"的无聊之谈，而是汇集各方面文化人就古今中外的知识交流、思想交流，当然主持人是内山完造。内山完造于1935年根据漫谈会所谈，整理出版了《话中国的姿态》一书。如在“殉教之话”一文中，内山认为中国没有情死，没有殉教者。而书中记载鲁迅不同意内山的观点，鲁迅说：“老板，对于这话我不能同意哩，支那有孝亲而自殉的人，不是应该呼作殉教吗？又有殉节的妇人，及殉君的忠臣，为数均在不少，也都是变形的殉死者哩。”内山后来出版的《上海漫语》中还记载鲁迅在漫谈会上对《四库全书》发表的意见。鲁迅说：“日本人喜欢在研究里引用《四库全书》和什么根据帝王等等编纂的书籍，但是我们中国人并不这样。何以故？因为不能信用那种既非专门学者、又非专门研究者，而是依靠金钱和统治做出来的书籍。那种书籍有很多错误。为什么？那些编纂的人，是作为官吏每月拿着月薪从事编纂的，既非出自学者良心的研究，当然又非出自学者的态度。那只是从这种出发点的一种堆积，不管它是怎样的庞大，它只不过是对帝王的任何事情都极为嗜好的一种堆积罢了。它并不是学者必须引用的东西。不管量是怎样的小，数是怎样的少，只要是学者出于学者的良心的研究著作，以及出于完全学者的态度的编纂著述，我们都愿意引用，并把它作为研究的对象。”在内山完造的书里，以漫谈会的形式，记录鲁迅发言的地方很多，这里只是随便拣得一两处，可见内山完造对鲁迅的发言是非常重视的。正因为有鲁迅这样的人的发言，内山以漫谈会所谈内容整理出版的书，在社会上产生了很大的反响，这应该说是鲁迅以一个思想家给内山提供的帮助。

当然鲁迅自己的著作对内山书店在营业方面提供的帮助也不小。当时，由于国民党实行文化专制政策，中国的所有书店都不能出售进步书刊，但内山书店却在治外法权的庇护下，经营任何书刊都没有限制。像鲁迅的《准风月谈》《伪自由书》《南腔北调集》《花边文学》等当时都是被禁止发行的，读者根本买不到，然而这些书在内山书店里却可以大量地出售，自然也可以获得不少利润。而鲁迅自己所需要的进步书刊，也大多是从内山书店购买。从1928年到1935年，根据鲁迅日记所记书账，每年购书费用，多则两千四百元，少则六百元。这些书绝大部分是日文书，而又绝大部分是从内山书店买到的。如《社会主义从空想到科学的发展》《唯物的历史理论》《阶级斗争理论》《阶级社会之诸问题》等，据统计有一千册以上。许广平回忆说，还有些书是可买可不买的，但鲁迅为了支持内山书店，就都买了。

互相的支持，赢得了互相的信任。后来，内山书店又成了鲁迅对外秘密活动的联络点。鲁迅曾多次为共产党做过秘密接线工作，而与友人约会的地点一般就在内山书店。比如1934年鲁迅为成仿吾代找上海党组织，就是在内山书店接的头。此外，鲁迅的书札文稿，也都是由内山书店收转的，一般都写着“内山书店转交鲁迅先生收”的字样。所以，从1930年以后，鲁迅几乎每天都要和内山书店打交道，不是上午许广平到书店取信札，就是下午鲁迅散步过去，喝茶、漫谈、看书、购书。仅从《鲁迅日记》看，就有五百多次到内山书店的记载。如果鲁迅和许广平有事不能到内山书店去，内山就亲自到鲁迅家里去，要不就派店员到鲁迅家里去送信札。而鲁迅写的信札、文稿则又都由内山书店代寄，连同鲁迅家的电费、水费也都由内山书店代交。

鲁迅在上海时期与内山书店的关系是特殊的，也是非常密切的，某种程度上说鲁迅就是内山书店的一名成员，即使算不上实际成员，也可以说是名誉成员。

一生书谊

鲁迅酷爱读书，也酷爱藏书。因此，鲁迅与人交往，相宜者往往要赠以书籍，或赠自己的书，或赠对方喜欢的书，以书会友，传达情谊。鲁迅与川岛、钦文、柔石、冯雪峰等人的友谊最初或者是因为赠书牵线，或者是因为共同从事写书出书等工作建立起来的。连同许广平在内，鲁迅表达感情，也常采用赠书的方式。只有生了海婴的时候，鲁迅去看许广平，他的礼物改换成了花，这让许广平感到一种意外的惊喜，也感到一种发自一个女人内心的欣慰。不过，这只能是许广平做了鲁迅的妻子之后才有的感觉，此前，鲁迅给许广平赠书，也同样让她感到过欣喜和欣慰。总结鲁迅一生以书与人建立友谊，要算与瞿秋白的关系最为典型，这是一种真正从书中渗透、培植起来的友谊。

1931年5月的一天，冯雪峰带着刚刚印好的左联机关刊物《前哨》的样本，去找茅盾，恰好遇见从共产国际回到上海并住在茅盾家里的瞿秋白夫妇。瞿秋白一看到《前哨》，十分高兴，当即就翻看里边的文章，当看到鲁迅写的《中国无产阶级革命文学和前驱的血》一文时，禁不住击节称赞："写得好，究竟是鲁迅！"

当时，双方都未曾见过面，但鲁迅早就知道瞿秋白是共产党内的著名领导人，也是精通俄文的有才华的文人。而瞿秋白更是对鲁迅在中国文坛上的地位和影响了如指掌。因此，双方都有互相见面晤谈的愿望。但由于条件不成熟，两人一时还没有见面的机会。于是就由冯雪峰来转达他们双方对左联工作的意见。鲁迅觉得当时左联的工作，乃至整个革命文艺运动的发展，迫切需要像瞿秋白这样在党内具有很高威信的人来指导。瞿秋白则已经得到党内的批准，在上海养病期间，领导左联的工作，并着力抓一下翻译苏联作品等问题。在共同关心左联的同时，鲁迅常常把自己翻译的俄国作品托冯雪峰转赠给瞿秋白，而瞿秋白则常常是很快地看完作品，及时地把自己的意见转告给冯雪峰。

一次，鲁迅听说瞿秋白对他从日文译本转译的几种马克思主义文艺理论著作有些意见，便马上对冯雪峰说："我们抓住他，让他从原文多翻译这类作品，以他的俄文和中文，确是最适宜的了。"后来，鲁迅看到一部日文版的卢那卡尔斯基的剧本《被解放的堂·吉诃德》，觉得不错，很快译出了第一幕。这时他又得到了剧本的俄文原版本，对照一看，原版比日文版的更好，他马上就请瞿秋白从俄文版重新翻译，并介绍在《北斗》杂志上连载。《北斗》停刊后，鲁迅又将他的译本交给上海华联书店出版单行本。鲁迅还帮他译了《作者传略》，写了《后记》，配上自己收藏的毕斯凯莱夫的木刻插图，并亲自校对编排，做了大量工作。此后，鲁迅又将苏联的长篇小说《新土地》交给瞿秋白，让他翻译。等到书出版时，瞿秋白特意写了一篇特殊的序："并非乌托邦"，表达了瞿秋白和鲁迅对革命胜利的向往和信念。

这年9月，鲁迅翻译了法捷耶夫的著名长篇小说《毁灭》，出版后当即赠送给瞿秋白一本。瞿秋白捧着这部书，联想几个月来和鲁迅的合作与神交，深深感受到一种共同献身崇高事业的同志间的情谊。于是他提起笔写下了一封首先使自己激动不已的信："敬爱的同志……你译的《毁灭》的出版，当然是中国文艺生活里面的极可纪念的事迹。……每一个革命的文学战线上的战士，每一个革命的读者，应当庆祝这一胜利；所以我也许和你自己一样，看着这本《毁灭》，简直非常的激动：我爱它，像爱自己的儿女一样。咱们的这种爱，一定能够帮助我们，使我们的精力增加起来，使我们的小小的事业扩大起来。"信中瞿秋白还谈到了翻译中的一些缺点，最后，他写道："所有这些话，我都这样不客气地说着，仿佛自称自赞的”，这是为什么呢？原来“我们是这样亲密的人，没有见面的时候就这样亲密的人”。鲁迅在给瞿秋白写的回信中也称瞿秋白为“敬爱的同志”，并以他自己少有的热情说：“看见你那关于翻译的信以后，使我非常高兴。”的确，对于《毁灭》，“我真如你来信所说那样，就像亲生的儿子一般爱他”。可以看出，两人的心，至此已经贴得很近了，正像许广平所说“真个是海内存知己，神交胜比邻了”。

另据许广平回忆，1932年春天，气候宜人，“通过介绍：说有一位为了革命过着地下生活的人，想趁此大好时光，出来游散一下，见见太阳。但苦于没有适当地方。问起来，才知道是‘没有见面的时候就这样亲密的人’——秋白同志，就约定于某日来我家盘桓一整天”。鲁迅与瞿秋白终于见面了，他们谈得很畅快，大至天下国家，小至私人生活，尽情倾诉，毫无芥蒂。许广平说，除了许寿裳等几位“几十年相处的老友之外，鲁迅先生要算和瞿先生最意气相投的”[①]。这次会见，瞿秋白一改平时不爱说话的习惯，与鲁迅谈得滔滔不绝，谈到会心处，禁不住哈哈大笑起来。为了庆贺这次难得的相会，瞿秋白在身体欠佳的情况下，“破例饮了些酒”。此后，鲁迅也回访了瞿秋白，并在一年多的

① 《鲁迅回忆录》。

时间里，为瞿秋白这位经常见不上太阳的地下共产党人提供过三次避难机会，三次都在鲁迅家里度过。每次避难，少则半月，多则一月。而且在这期间，鲁迅还为瞿秋白在北四川路自己寓所的附近找了一个住处，瞿秋白在这里住了约有四个月。这样，往来相聚，共谈天下事，共抒同志情，又成了两人经常性的精神会餐。

然而，鲁迅与瞿秋白的友谊不仅仅是这些，他们留给后人的感人至深的情缘，还在书。1933年2月，瞿秋白第二次到鲁迅家避难时，正遇英国著名作家萧伯纳来上海访问。对于这位名人的到来，不过半天时间，就在上海全城传遍了关于他的“幽默”“讽刺”“名言”“逸事”，“仿佛他是西洋唐伯虎似的。他说真话，一定要传为笑话。他正正经经地回答你的问题，却又说他只会讽刺而已。几乎在上海被人家弄成这么一个‘戏台上的老头儿’”。这使鲁迅和瞿秋白感到非常气愤，当晚他们就决定要把这天报刊上所有关于萧伯纳的文章剪贴下来，辑成一书，使它成为“一面平面的镜子”，“可以看看真的萧伯纳和各种人物自己的原形”[①]。于是，由许广平到外面去搜罗当天的报纸，鲁迅和瞿秋白圈定材料，杨之华（瞿的夫人）和许广平共同剪贴，连夜辑成《萧伯纳在上海》一书，当月就交野草书屋出版了。书中

① 《瞿秋白文集》第一卷。

鲁迅不仅写了《颂萧》的文章，还做了序言；瞿秋白则写了《写在〈萧伯纳在上海〉的前面》一文，表示了他们共同对在萧伯纳问题上“文人、政客、军阀、流氓、叭儿的各式各样的相貌”的憎恶。

1933年3月到4月间，瞿秋白已经鲁迅介绍住在了鲁迅寓所的附近，由于不便外出，许广平在生活起居方面给了他们很多关照，鲁迅也经常到他的住处去，他也一有机会就跑到鲁迅的寓所来。其时，鲁迅正应约为《申报·自由谈》撰稿，“论时事”“砭锢弊”，每月要写十来篇。瞿秋白对鲁迅的杂感早就有了“灵犀之通”，现在又经常看到鲁迅在写，于是自己也拿起笔，学着鲁迅的笔法写开了杂感。当然写杂感一定要有感受，这感受就是和鲁迅交谈中而来。动笔之前，在立意命题方面也要和鲁迅进行一番交流。从3月5日开始到4月24日的一个多月时间里，瞿秋白接连写了十一篇杂文，都以鲁迅的名义，发表在《申报·自由谈》上，记有《伸冤》《曲的解放》《迎头经》《出卖灵魂的秘诀》《最艺术的国家》《关于女人》《真假堂·吉诃德》《内外》《透底》《大观园的人才》等。鲁迅认为秋白的杂感虽有“少含蓄”的缺点，但却另有“尖锐、明白”“有才华”的更大优点，所以这些杂文以鲁迅的名义发表之后，鲁迅编自己的杂感集时，便都作为自己的文章收了进去。在鲁迅一生中，只有五四时期与周作人之间有过这类事，而与其他朋友之间，却是绝无仅有的特例。即使有，也是直接授意。

就在以鲁迅的名义写杂感的同时，瞿秋白更多地阅读了鲁迅的杂感，也更深入地了解了鲁迅的杂感。他说：“我感到很对不起鲁迅，从前他送的书我都在机关被破坏的时候失去了，这次我可要有系统地阅读他的书，而且为他的书留下一个永久的纪念。”这个纪念就是瞿秋白经与鲁迅共同协商编辑的《鲁迅杂感选集》和他独自完成的那篇具有划时代意义的《〈鲁迅杂感选集〉序言》，第一个对鲁迅杂文的思想艺术及其时代意义做了高度而又实事求是的评价，说鲁迅是“从进化论进到阶级论”，“以至于战士”；“鲁迅的杂感其实是一种‘社会论文’”，“不但陈西滢，就是章士钊等类的姓名，在鲁迅的杂感里，简直可以当作普通名词读，就是认作社会上的某种类型”。据冯雪峰回忆说，鲁迅看了这篇序言后是非常“感激”的，“这不但因为秋白同志对于杂文给以正确的看法，对鲁迅先生的杂文的战斗作用和社会价值给以应有的历史性的估价（这样的看法和评价在中国那时还是第一次），而且也因为秋白同志分析和批评了他前期思想上的缺点。他谈到这种分析和批评，说道：‘分析是对的。以前就没有人这样地批评过。’说话时的态度是愉快而严肃的。因此，秋白同志编选的《鲁迅杂感选集》和他写的这篇序言，在当时是对鲁迅先生战斗的一种极大的支持和鼓舞，同时也提倡和宣传了杂文这种战斗武器”[①]。鲁迅为了表达对瞿秋白的诚挚谢意，当即把该书出版后的全部收入送给了瞿秋白，共三百元。此后，不同的时代，便有种种不同的鲁迅杂感选集之类的书出版，然而那篇《序言》却并未因时间的流逝而褪色，直到今天，它仍有其不可磨灭和替代的历史价值。这是瞿秋白留下的关于他和鲁迅之间的书谊的永久性历史见证，也应该说是可以告慰瞿秋白编选《鲁迅杂感选集》并作序时的初衷的。

1935年1月，瞿秋白在敌人的屠刀下遇害了。在病床上得知这一不幸消息的鲁迅，一面带病帮瞿秋白的夫人和女儿安排后事，解决生活困难，同时也想编选一本瞿秋白翻译作品的书，以资怀念。书的名称鲁迅定为《海上述林》。从1935年10月22日开始编起，同年11月4日上卷三十万字即告编成，1936年10月2日出版面世。1936年4月17日开始编辑下卷，5月13日开始校对，至9月校毕交稿。这中间，编排、校对及与印刷厂交涉，均由鲁迅主要负责。想到瞿秋白当初翻译时，是为某个插图所“引动”，为一遂战友心愿，鲁迅又将有关插图补入，并亲自写了说明附注。在编校过程中，鲁迅病体不能支持执笔了，就委托许广平赶着校对，想尽快出书。然而不等下卷出版，他便溘然长逝，终未能看到全书

① 《回忆鲁迅》。

的样子。然而他却给承印这部书的出版者起了一个特殊的名字——诸夏怀霜社，“霜”是秋白的小名，“诸夏”指的是中国，意思“中国人民永远怀念瞿秋白”。关于这一点，鲁迅曾经直接给别人说：“《述林》是纪念的意义居多。”是的，尽管鲁迅没能看到《海上述林》这部“纪念的意义居多”的全书样本，但他的心迹却永远地刻写在了书的版权页上，血汗则渗透到书中每一页的字里行间。这是他们之间的书谊的又一历史见证。

记得鲁迅曾给瞿秋白写过一幅“人生得一知己足矣，斯世当以同怀视之”的条幅，这足可见他俩的情谊之深、之至，然而这情谊，是以书为始，以书为终，始终贯穿着书的内容的。所以，他们之间的友谊实际上就是一种书谊，是一种具有崇高意义的书谊。

品书·评书

遍翻鲁迅全集，我们几乎找不到一篇所谓的正经书评，诸如“评《……》”“论《……》”之类的文章。然而，我们读鲁迅的文章，却时时处处都可以读到他对古今中外所有的书的评论，这些评论均散见于他那卷帙浩繁的杂感中，严格说来，这些是算不上书评的，因为它不是有章有法、单独成篇的东西。但鲁迅自有他的正宗的书评，这便是他的序跋文。

常言说：“会读书的人先读序”，这话有一定的道理，但同时也应该加上跋。“序”包括序言、题记、题词、小引、引言、前记、前言等，跋则包括后记、附识、编后、译后等。据说在古时候，书的序文都附缀在书后，如《史记》的《太史公自序》，《文心雕龙》的《序志》，等等。后来，将写在书尾的称为跋，序就升到了书首。而且同时有人就把序称为引子。这说明序和跋本来是一回事，只不过是名堂不同罢了。事实也是，无论是序还是跋，都是叙说本书写作经过、内容，作者的意图、身世及对本书的评价，等等，目的在引导读者去理解这部书和这部书的作者。如果还硬要分出序、跋之间的区别，那就是序是宏观把握，跋则是具体说明。

由此看来，序和跋对于读者是不可或缺的。每当开卷读书时，首先便读到一篇具有极大启发意义与全面总结性的好序文，读完本文，再来一篇好的跋，将为读者与作者、本文之间架起一座神会的桥梁。读书为领会，如果能达到神会，那将是怎样一种舒心、快意的境界呀。我们读《呐喊·自序》，往往会有这种感觉油然而生，因为通过《呐喊·自序》，我们即使不读本文，也可以和鲁迅直接神会。

鲁迅曾在《〈铁流〉编校后记》中说过："没有木刻的插图还不要紧，而缺乏一篇好的序文，却实在觉得有些缺憾。幸而，史铁儿竟特地为了这译本而将涅拉陀夫的那篇翻译出来了，将近二万言，确是一篇极重要的文字。读者倘将这和附在卷末的《我怎么写铁流的》都仔细的研读几回，则不但对于本书的理解，就是对于创作，批评理论的理解，也都有很大的帮助的。"正因为序跋文有如此的效用和魅力，鲁迅每出版一部作品和译作，都要有他自己写的序引或后记。也正因此，鲁迅给别人的书写序，也和为自己的书写序一样认真、精彩。因为我们谈的是鲁迅的读书生活，所以暂且撇开他给自己的书写的序跋文一类，专谈他给别人的书所作的序文。这里才能见出他的读书生活，而自己写的书自己是没必要去读的。

收入鲁迅十六本杂文集中的，为他自己和别人的著、译、编、校的作品所写的序跋文，在数量上，占全部“不入文艺之林”的六百五十多篇杂文的百分之十五左右；而为别人的作品所写的序跋文与为自己的作品所写的序跋文，数量基本上是等同的，足有数十篇之多。这些序跋文，篇幅长短无定，有的长至数千言，数万言，有的则短到几百字，甚至更短。

既然序跋文的功能作用是导读、评介，那么鲁迅也基本上不会抛开这条规律。但是在鲁迅的笔下，无论写什么样的文章，都有自己的特点。鲁迅为别人所作的序文特点是有评、有品：评是理论分析，更注重评价；品是投入感情，用心灵去品味，更注重抒写。在评书与品书之间，鲁迅又更注重品书。

鲁迅曾多次说过，他不善于作序。有一次甚至说：“我是不善于作序，也不赞成作序的。”[①]在给田军的《八月的

① 《而已集》。

乡村》所作的序文中他又说："这不像序。"这显然是谦辞，但同时也反映出鲁迅为文的不拘一格。尽管如此，我们还是可以从鲁迅给别人所写的数十篇序中，大体归纳出如下几种品评书籍的方式与味道：

第一，杂文式的纵横捭阖。这实际上意思是说序文写得像杂文，如《田军作〈八月的乡村〉序》就属于这一类。这篇序文以爱伦堡的名言"一方面是庄严的工作，另一方面却是荒淫与无耻"为主题词。然后，他从南宋小朝廷逃到江南后的苟且偷安，上溯到秦始皇、隋炀帝的荒淫无道，再谈到中国近代史的失败与屈辱，以及当时日本人对东北的侵占。从《八月的乡村》联想到法捷耶夫的《毁灭》等。全文虽不到两千字，但作为对《八月的乡村》写的序言，全文只有两三句话是直接谈《八月的乡村》的。难怪他自己也说"这不像序"，但他又相信："作者和读者是绝不会和我计较这些的。"其实鲁迅从开头一段就点出了《八月的乡村》的主题是"一方面是庄严的工作，另一方面却是荒淫与无耻"。而全文正是以这一主题词对历史的辐射的描述，或者说全文内容是多层次多侧面的对这一主题词的论证和阐述，而这又正是鲁迅惯用的杂文式的纵横捭阖般的章法与笔法。

第二，自序式的真情流泻。如《〈尘影〉题辞》写的就像《野草·题辞》和《华盖集·题记》一样，从自己的切身体验出发，谈别人的作品就像谈自己的作品一样，我们可以将两篇“题辞”对照着看。如《野草·题辞》的开头说：“当我沉默的时候，我觉得充实；我将开口，同时感到空虚。”《〈尘影〉题辞》的开头则说：“在我自己，觉得中国现在是一个进向大时代的时代。但这所谓大，并不一定指可以由此得生，而也可以由此得死。”都是以叙述“我”的感受作为开头。而在文中也是以抒写“我”的感情为重。如《野草·题辞》说：“我自爱我的野草，但我憎恶这以野草作装饰的地面。”《〈尘影〉题辞》中则有这样的话：“在此时此地听到这样的消息，我委实身心舒服，如喝好酒。然而《尘影》所赍来的，却是重压。”像这类序文，虽然写的是别人的作品，但流泻的都是自己的真情。正与自序文相仿。

第三，散淡式的点评。这种方式的序文没有精心构制的强化情感色彩的句式与语境，行文缓慢，像自由漫谈，而对作品或作者的见解正好在缓缓而谈中渗透出来。如《〈守常全集〉题记》和《萧红作〈生死场〉序》，前者主要是品味作者其人的，后者则是品味作品的。在《〈守常全集〉题记》中，鲁迅是这样点题的：“但革命的先驱者的血，现在已经并不希奇了。单就我自己说罢，七年前为了几个人，就发过不少激昂的空论，后来听惯了电刑，枪毙，斩决，暗杀的故事，神经渐渐麻木，毫不吃惊，也无言说了。我想，就是报上所记的‘人山人海’去看枭首示众的头颅的人们，恐怕也未必觉得更兴奋于看赛花灯的罢。血是流得太多了。不过热血之外，守常先生还有遗文在。”再如《萧红作〈生死场〉序》中有这样点题的警句：“北方人民的对于生的坚强，对于死的挣扎，却往往已经力透纸背；女性作者的细致的观察和越轨的笔致，又增加了不少明丽和新鲜。”这警句被人们誉为是“罕见的思力绝句”，说的是作品对人物的描写“力透纸背”，而鲁迅在品评作品时的妙语也是“力透纸背”的。但就是这些“力透纸背”的警句，却不是靠语气、语势营造出来的，而同样是在漫不经心的娓娓叙谈中滑出来的。

第四，抒情式的写意。这种品评方式并不是随意为之，从语句、语气到语境，都通过精心营造而成形。如《柔石作〈二月〉小引》中是这样概括主人公的社会意义的：“浊浪在拍岸，站在山冈上者和飞沫不相干，弄潮儿则于涛头且不在意，惟有衣履尚整，徘徊海滨的人，一溅水花，便觉得有所沾湿，狼狈起来。这从上述的两类人们看来，是都觉得诧异的。但我们书中的青年萧君，便正落在这境遇里。”在概括这位主人公生活的社会环境时，鲁迅又这样说：“……这大苦痛，便是社会的可怜的椒盐，和战士孤儿等辈一同，给无聊的社会一些味道，使他们无聊地持续下去。”这些语言，有节奏，有气势，也有韵味，像饱蘸感情的哲理诗。而在《白莽作〈孩儿塔〉序》中的描述，已经不仅是像诗，而简直就是诗："这是东方的微光，是林中的响箭，是冬末的萌芽，是进军的第一步，是对于前驱者的爱的大纛，也是对于摧残者的憎的丰碑。一切所谓圆熟简练，静穆幽远之作，都无须来作比方，因为这诗属于另一世界。"

除了上述几种品评书籍的方式，鲁迅品书运用更频繁的一种方式是顺手捡来，一语中的。这种方式不仅仅在序跋文中运用，而且在他的所有文章中都运用。当然鲁迅也有正宗的批评文章：《〈中国新文学大系〉小说二集序》。

品书、评书是鲁迅读书生活内容的重要组成部分，据统计，仅鲁迅品评过的小说就达二百多部，从中我们可以看出鲁迅读书时的慧眼和读书后的卓见。

藏　书

鲁迅从1912年开始记日记，而在每年的日记后面附着书账。书账只记自己买的书，而不记别人送的书。根据日记所载，鲁迅每月都要购书十数次，月平均购书费用少则十元左右，多则高达两百元。根据粗略的估计，鲁迅的藏书总量有数万册。这些书一部分留在上海，大部分则聚于北京，因为鲁迅在上海定居后，曾遭过几次战火袭击和政府警察的搜查，为安全计，鲁迅把在上海所购置的书，曾寄回北京一大部分。所剩的除了寓所内经常写作用的外，比较珍贵的便藏于那间秘密书屋内。总的来说，鲁迅的藏书，主要集中在北京。

鲁迅逝世后，周作人在抗日战争期间堕落为大汉奸。1944年，大权在握的周作人指使北平图书馆的几个职员，到北京西三条胡同鲁迅旧居内将鲁迅的藏书编成中文、外文、日文书目三种，印出交人带到南京、上海各地的汉奸组织处待价而沽。大汉奸陈群声言愿全部包下。时在上海的许广平获悉这一情况，一方面在报上刊登启事，声明“如鲁迅先生在平家属确有私擅出售遗产事实，广平等决不承认”；另一方面她又辗转托人买下全部书籍。当所托之人向周作人报告上海已有人要这批书之后，周作人又从中扣起一部分有价值的书，仍照全书原价售卖。此事书商都觉得周作人的道德沦丧到连一个商人都不如了。

抗日战争胜利后，许广平于1946年10月专程从上海来到北平，整理了这批藏书。这批书以前大部分存放在故居南屋，后因南屋出借给鲁迅的亲戚阮和荪住，便又搬到北屋靠西的一间房里，共有二十三只书箱，三只书橱，其中八只书箱是从上海寄往北京的。另外还有按半年一包打包起的《小说月报》《东方杂志》《语丝》等未入箱的杂志，零散地置放在各处。

从版本讲，这批藏书有中文版、日文版和其他外国文版。中文版里有铅印书，也有刻印书，有现代书，也有线装古书，还有未经装订的散页书。此外，还有鲁迅手抄的古逸书和古碑墓砖拓本。

从内容上讲，大体可分为以下几类：

一、书目类。鲁迅研究学问的范围非常广博，其基础工作就是从书目入手的。许广平说："在他消闲的时间，就时常看见他把书目看得津津有味，我却从不爱沾手的。有时鲁迅先生也解释给我听：'这是治学之道，有人偷偷捧《书目答问》死啃一下就向人夸耀博学的了，其实不过如此而已。'我想鲁迅先生的披览，未必志在夸耀，而是他确实是藏书无多，有时为了研究史学之类，或某种著作，只得借书目作参考之一罢了。因此他的藏书里随时遇到许多出版年代不同和地域不同的书目。"①

二、哲学类。鲁迅虽然从事文学创作，但他的目标是改造思想，实际上是从文学的角度来倡导思想革命的。所以哲学书籍是他从事文学创作的根基。在他的藏书里哲学类的书有德国哲学、印度的佛教哲学等，而更多的是马克思主义哲学，有历史唯物论、唯物辩证法，还有马克思主义认识论等。此外，美学作为哲学的分支，在鲁迅的藏书中也占有相当比重。

三、自然科学类。鲁迅正宗的学历是属于自然科学方面的，从南京到日本，再到回国执教，都从事的是自然科学的学习、研究和讲授。所以，自然科学方面的书籍也是他藏书的一部分，如有机化学、矿物学、生物学、遗传学、进化论，动物学中的昆虫学，人类学中的人种学、生理学、解剖

①《藏书一瞥》。

学，以及卫生和西医学等。从书账看，鲁迅进入教育部后一般很少购置自然科学方面的书籍，藏书中的这一类主要是留学期间和回国执教期间所购置的书，由于他对自然科学一直保持有浓厚兴趣，所以早年购置的这类书也一直保存着。据说他到晚年还想翻译《昆虫记》一书。

四、美术类。鲁迅自幼爱好美术，一生始终不渝。在日本弃医从文的时候，美术也被列为改造国民精神计划中的一翼。到教育部任职后，自己管辖的那一科就有美术一项，这是工作。而他自己则更是专心搜求各种书画，特别是历代名画册。到上海定居后，他又大力提倡木刻运动。美术是鲁迅读书生活中重要的组成部分之一，也是他藏书中非常重要的一部分。据统计，在他所藏的画册中仅原拓木刻就有三千多种，是迄今为止国内独一无二的珍贵收藏。

五、风土类。中国地域辽阔，各地风土人情均有不同。风土人情是决定人的思想性情的最根本的外部环境，它可以影响社会发展，也可演变出各种形形色色的政治运动。

因此，对致力于思想革命的文学家鲁迅来说，这类书籍当然不会被忽视，在他的藏书中，有民族学、民俗学、风土记、地方志等，还有与风土类有关的旁支如游记、印象记、杂记等。

六、社会科学类。这是鲁迅的正业之一，自然藏书不会少。计有无产阶级文化、社会演化、社会心理、家庭、恋爱、阶级斗争、社会运动、各国政治，以及与此相关联的经济学、财产进化论、工厂制、法理学等。此外便是历史方面的书，有历史哲学、世界史、近代史、中国文化史等。

七、文学类。这是鲁迅的主业，所以也是他藏书中的主流。从门类上分有文艺批评、诗歌、戏剧、小说、杂著、童话等，从国别上分有英国、德国、法国、意大利、西班牙、瑞典、挪威、匈牙利、捷克、苏联以及更多的中国和日本的文艺作品和文学研究等书籍。

八、国学类。这指的是中国的古籍，有各种类书、丛书，但由于当年购置国学书籍时，京师之地"视古籍为古董"，所以鲁迅由于财力不济，很少购得孤本、善本之类，所藏的只是一般古籍。许广平谈到这一点时说："鲁迅先生平时对于善本、珍本的购买力未必很多，而他的记忆强和图书馆的徘徊恐怕对于他更易借助。"①

九、抄本。抄本是被收藏家认为最宝贵的一类。这类书籍（包括拓片）以碑录最多，而且是按照碑的原式抄录的，时间是从汉到南北朝，原计划准备抄至唐，后未能按计划完成。据时人评价，鲁迅的古碑抄本，是"自俞曲园、章炳麟以降"，中国朴学收场的最后一人。在碑录之外，抄本中还有六朝造像、古砖和魏晋人的文集，计有：《佛像记》《沈

---

①《藏书一瞥》。

下贤文集》《百博考》《汉石存》《出三藏记集》《谢氏后汉书补》《青琐高议》《遂初堂初目》《谢灵运集四卷》《六朝墓名目录》等，还有唐宋传奇多种抄本。而最被鲁迅看重并被列为自己学术著作里的有《岭表录异》和《谢承后汉书》，前者附校勘，后者有补遗，都曾让鲁迅费过一番心血。

凡以上九种，除第三种和第九种外，留在上海的藏书也大体相同，但以第二、四、六、七类居多。

读书人的本色

中国古代有句俗话叫作“囚首垢面而谈诗书”，是专门用来形容读书人的，更确切地说是专门用来形容那些狂放不羁、洒脱飘逸的读书人的。鲁迅虽然并不狂放洒脱，但将“囚首垢面谈诗书”转赠给他，也是颇恰当的。“囚首垢面”一词最早出现在汉代，具体指的是不理发、不洗脸，像囚犯一样。到后来与“读诗书”并联起来时，便将生活朴素、不修边幅也包含进去了。而鲁迅一生就从未在穿戴、吃住享用方面刻意追求过。

不讲究穿戴，是鲁迅一贯的作风。据鲁迅自己说，小的时候，家人叫他穿新衣，又怕他把新衣弄脏，便时时要警告监视他。这样，站也不是，坐也不是，感觉非常的不舒服。所以他宁肯穿旧，也不愿穿新。不料，这个最初的感觉，竟成了他一生的习惯。当然这种习惯鲁迅是不断地赋以新意的。

鲁迅在南京求学的时候，经常夹裤过冬，棉袍无絮，回家坐船始终坐的是普通舱。这时他家里的生活固然清贫，但也不是连一件衣服也买不起，如他经常获得些奖金，就是经济来源之一。然而当他一旦获得奖金，便很快去买自己喜欢的书，而不去想换一件新衣。在日本留学时，虽然有了官费，但他这时候更需要书的滋养，很少更换衣服。回国教学了，后来又在教育部做官了，再后来成了名人，他在穿衣问题上仍是不讲究的。

据夏丏尊回忆，在杭州两级师范教学时，“周先生那时虽尚年轻，风采和晚年所见者差不多。衣服是向不讲究的，一件廉价的羽纱——当年叫作洋官纱——长衫，从端午前就着起，一直要着到重阳。一年之中，足足有半年看见他着洋官纱，这洋官纱在我记忆里很深。民国十五年初秋，他从北京到厦门教书去，路过上海，上海的朋友们请他吃饭，他着的依旧是洋官纱。我对了这二十年不见的老朋友，握手以后，不禁提出洋官纱的话来。‘依旧是洋官纱吗？’我笑说。‘呃，还是洋官纱！’他苦笑着回答我”[①]。

在北京的时候，鲁迅平时只穿旧布衣，裤子总是单的

---

①《鲁迅翁杂忆》。

或夹的，日本留学时穿过的裤子已经打上了补丁也还常穿。初到上海的时候，穿久了的蓝布夹袄破了，许广平买了蓝色的毛葛给他新做了一件，做好后，他却无论如何不肯穿。许广平向他劝说，他又解释说这种布料滑溜溜的不舒服。最后没办法，许广平只好把这件衣服转赠给别人，从此不再做这类质地的衣料。鲁迅逝世前的一年，身体非常瘦弱，似乎过去的衣服均显得有些不合身了。许广平给他做了一件丝棉的棕色湖绉长袍，据说这是鲁迅一生最讲究的衣服，但没穿过几次，他便去世了，这件最讲究的衣服，竟成了他临终穿的尸衣。

由于鲁迅穿着朴素，不修边幅，还闹过不少笑话。在上海时期，有一次鲁迅到沙逊大厦去看望一位外国友人。这座大厦是当时上海最豪华的公寓之一，住在里面的全是外国人，所以，一般在这座公寓里进进出出的也是些西装革履有身份的人。但是鲁迅仍然穿的是旧蓝布长衫和橡胶底帆布鞋。守门人员一看，让他走“边门”进去，“边门”是所谓“下等人”进出的通道。鲁迅只好从边门进去。走到电梯间，管电梯的和看门的一样态度，不给他开电梯，让他爬楼梯。鲁迅没办法，只好爬着楼梯去到七层楼上找自己要找的那位外国友人。与友人告辞后，友人不仅陪他乘电梯下楼，而且把他送到门口，这使得管电梯的人和守门的人都感到非常惊讶和尴尬。还有一次，一位朋友的孩子生病了，鲁迅陪他们一起到外国人开的医院去看病。朋友穿的衣服很讲究，鲁迅的衣服却很一般，到了医院，人们都以为他是一个随从的翻译。鲁迅在上海时曾办过刊物，编过书，由于取送稿件校样的需要，他经常跑印刷所，而印刷所的人又经常把他当作是跑腿的。

尽管由于穿着朴素而经常招人误会，但鲁迅却一如既往，始终保持着艰苦的作风。而之所以要这样，是因为鲁迅又为自己的习惯作风赋予了两点新意：第一是怕生活太安逸了，累及工作。据孙伏园回忆，在北京的时候，“一天我听周老太太说，鲁迅先生的裤子还是二十年前留学时代的，已经补过多少回，她实在看不过去了，所以叫周太太做了一条棉裤，等鲁迅先生上衙门的时候，偷偷的放在他的床上，希望他不留神能换上，万不料竟被他扔出来了。老太太认为我的话，有时还能邀老师的信任，所以让我劝劝他。鲁迅先生给我的答话却是不平庸的：‘一个独身的生活，决不能常往安逸方面着想的。岂但我不穿棉裤而已，你看我的棉被，也是多少年没有换的老棉花，我不愿换。你再看我的铺板，我从来不愿换藤绷或棕绷，我也从来不愿意换厚褥子。生活太安逸了，工作就被生活所累了。’”[①]这是鲁迅为自己的朴素生活作风赋予的第一点新意。

---

①《哭鲁迅先生》。

第二是为节约钱财来买书。对于买书的认识，鲁迅先后也有些变化。上学的时候，买书是为了求知，到后来，买书则是为了战斗。1909年鲁迅从日本回到故乡教书，所得薪金除家庭必需的生活费用外，所余的钱大多都买了书。工友王鹤照对鲁迅说："周先生，你们家里有几个先生都挣钱（当时周建人也已当了教师），可以买几亩吃饭田进来，自吃米饭，省得向人家买。"鲁迅听了后，笑着说："田没有用，我不要。"停了一会儿又说："还是多买点书好！"[①]这可以看作是青年时代鲁迅对买书的认识。而到他晚年，与一个友人谈到买书时则说："本来有关本业的东西，无论怎样节衣缩食也应该购买的，试看绿林强盗，怎样不惜钱以买盒子炮，就可知道。"这显然说的是买书为战斗。

节衣缩食，俭朴度日，一者是为防止安逸的生活将工作累及，一者是节约更多的钱来买书战斗。这是鲁迅的一贯作风，也是鲁迅作为读书人的本色。另外从对书籍的爱护角度，也可看出鲁迅的生活作风和作为一个读书人的本色来。

鲁迅自步上文坛以后便与杂志有关系了。对于别人送他的杂志，他总是看完之后，便以五六册为一包扎好，并写上第几期至第几期，以便检查。鲁迅包书有很高的技术，普通书是普通包法，线装书是特别包法，都不至于让书籍受到

① 《回忆在鲁迅先生家中三十年》。

损坏。对于线装书，他还能拆散修理，再次装好。对于洋装书，他总是买到后便先包一张书皮，以防止弄污。

鲁迅不仅书包得好，信封也做得好，据许广平说："在北京时常常看见他把寄来的比较大而质厚的信封翻转面，更有时把一张长方纸做成信封，非常之齐整匀称，绝不歪斜。"

这些其实是最能体现一个读书人的本色的。

读书与写作

鲁迅七岁上学，开始与书打交道，终其一生，可谓手不释卷。鲁迅的读书，最初是为求知，后来则是为写作。当他开始专心从事写作的时候，最初的求知，也便成了后来写作的准备和修养。

许广平说鲁迅“对写作的修养是很注意的，闲空的大部分都用在看书，更多的是外国书。除了社会科学的书是细细的阅读之外，普通杂志，他只是选几篇或一部分看看就完了。国内出版的杂志，不过翻翻就算了，如果没有什么好作品，是不肯浪费许多光阴的”[①]。鲁迅虽然不愿意把“许多光阴”浪费在阅读报纸杂志上，但这并不说明他不注重这些

①《欣慰的纪念》。

报纸杂志，而是他能利用很短的时间进行有效的阅读。

鲁迅读报刊的习惯，早在日本留学时就已养成，据说那个时候他每天早上起来就要读报，读半个小时或一个小时，然后才用餐。在上海期间，由于工作紧张，他每天只读十多分钟的报纸，读得很快，大多是只读题目，不读内容，遇到有用的材料便记下来，放在一边。要用的时候，一翻就能找到。有时鲁迅还把报纸上自己感觉有用的文章剪下来，上海鲁迅博物馆至今还保存着一本剪报集，剪贴得很整齐，每页上还有他亲笔写的报纸名称和日期。这些资料是鲁迅从1928年到1933年期间从上海出版的《申报》《新闻报》《时事新报》及《大晚报》等文艺副刊上剪下来的，内容是当时国民党政府摧残进步文化界的消息报道和攻击鲁迅的文章。据说鲁迅当时打算运用这些资料写一篇有分量的东西，后来没有完成。

这篇准备充分的作品虽然没有完成，但是鲁迅利用报纸材料写文章的方法和能力却是令人钦佩的。从1925年大量写作杂感开始，报纸杂志上的材料就一直是他写作内容的有机组成部分。他往往要大段大段地引用论辩对方的言论，有时把几段引文串联起来，对方的逻辑便不攻自破了。更有甚者如1933年出版的《伪自由书》和《准风月谈》两书的后记，长达数万言的文章，几乎成篇的材料都是从报纸上拿来，然后加上三言两语，就将论辩对方的老底戳穿了。这正如郁达夫所说：鲁迅的文章“能以寸铁杀人，一刀见血”。

当然这也并非全是因为鲁迅手上的刀子快。刀子快是自然的，但还必须细察全局，认清关键所在，先有了真知灼见，才能不偏不倚地击中要害。所以，鲁迅写杂感短论，报纸的材料是信息来源，是刺激灵感闪现的导火索，而书籍则是论辩的思想底蕴。1933年鲁迅在《申报》的《自由谈》栏目上不断变换笔名发表杂感短论，引起了当局的注意，编辑黎烈文也因此受到了排挤。1934年鲁迅又转在《中华日报》副刊《动向》和小品文半月刊《太白》上发表杂感短论。《动向》的主编是进步作家聂绀弩，《太白》则由共产党人陈望道编辑。他们对鲁迅的文章很重视，凡鲁迅的文章见报，一般都用一圈花边围起来，以示重要。而“花边”在习惯上又是银圆的别名。于是有些帮凶或帮闲式的“文豪”便讥刺鲁迅，说这是“花边文学”，是专为赚取优厚稿酬的。事实也是，这些文章都不长，一般都为千字短文，由于编辑重视，稿费自然不低。但这些杂感短论的产生也绝非易事，鲁迅自己就说：“人家说这些短文就值得如许花边？殊不知我这些文章虽然短，是绞了许多脑汁，把他锻炼成极精锐的一击，又看过了许多书，这些购置参考书的物力和自己的精力加起来，是并不随便的。”

鲁迅到上海以后是专门从事写作的，是专业著作者，他自己办杂志，另外还有许多报纸杂志社经常约他写稿，但他对写作是严肃认真的，绝不随随便便。即使在约稿者限定的时间内交稿，也不肯潦草从事。鲁迅在写文章之前，常常有一个较长的酝酿时期，特别是选择材料之际，是颇费一番苦心的，甚至为了没有适当的材料，要连续找上几天，看许多书。每当这个时候，他会感慨地说："唉，翻书也不容易。"为了把这"不容易"变得容易些，他时常要买些新书的。有时候和朋友在一块，他就会谈起来，说他看到了什么材料，想写个什么东西；有时候也不讲，只是静静地读书，默默地思考，暗暗地打腹稿。所以，看起来鲁迅的文章写得多，写得快，其实都是平时不断地、多方面地学习积累的结果，是勤学苦读的结果。鲁迅从来不浪费一点一滴的时间，一有机会就读书。他曾说过，"把别人喝咖啡的时间都用进去了"，指的就是读书。

挤时间、抢时间读书，也是鲁迅的一贯作风。早在绍兴教书的时候，因白天上课、备课没有多余的时间看自己喜欢看的书，他便晚上熬夜读。同事们说他是最会熬夜的一个人，他熬夜要准备两样东西，一是香烟，二是条头糕。每当晚上就寝铃打响以后，这两样东西便成了鲁迅熬夜读书的伙伴。因为长时期熬夜，身体便难免有病，同事们就劝他说："豫才先生，你一歇也不歇，人要吃力的，晚上就不要再读书了吧！"鲁迅却说："一个人做他喜欢做的事情，不大会觉得吃力的，所以我的读书，也就是我的休息。"在上海时期，鲁迅数年如一日，不断地写，也不断地读，身体病了，他也很少休息。朋友们劝他要注意休息，他却笑着说：“面向桌子提笔写文章，是我工作的时候，靠在椅子里看书，就是我休息的时候，若是连这一切都停止了，那在我是做不到的。”

是的，读书和写作，已经构成了鲁迅生命的有机组成部分。1936年8月，徐懋庸写信与鲁迅讨论抗日战争的民族统一战线问题，指责鲁迅为与自己持不同观点的人做“盾牌”，并提醒鲁迅应认真地读读《斯大林传》。鲁迅在大病中义正词严地驳斥了徐懋庸的诸多不实之词，并郑重声明：“倘能生存，我当然仍要学习。”[①]此后，鲁迅又在病中写下了十来篇文章。1936年10月9日，鲁迅写了《关于太炎先生二三事》。第二天，便是“中华民国”的纪念日——双十节，有感于太炎先生的革命业绩和“中华民国”二十五年的历史，鲁迅翻着大报小报的纪念文章和太炎先生的遗书——《訄书》，不觉又想起了辛亥革命以及与此有关的事，于是在10月17日再次写了《因太炎先生而想起的二三事》一文。文章写好后的第二天凌晨，鲁迅的病情突然发作，一天后便与世长辞了。

“倘能生存，我当然仍要学习”，换一句话说，便是：

① 《答徐懋庸并关于抗日统一战线问题》。

读书和写作停止的时候，也就是鲁迅生命终止的时候。鲁迅用自己的身历，实践了生命与读书和写作同在的诺言。

鲁迅的读书是为了写作，而鲁迅的写作则是为了更多的人能读到他自己的书。

鲁迅的书是中华民族数千年历史的百科全书，是一个伟大灵魂的写照。而我们读鲁迅的书，便可步入中华民族的历史长廊，受到那个伟大灵魂的无限滋养。

附录（一）：青年必读书

青年必读书	从来没有留心过， 所以现在说不出。
附注	但我要趁这机会，略说自己的经验，以供若干读者的参考—— 我看中国书时，总觉得就沉静下去，与实人生离开；读外国书——但除了印度——时，往往就与人生接触，想做点事。 中国书虽有劝人入世的话，也多是僵尸的乐观；外国书即使是颓唐和厌世的，但却是活人的颓唐和厌世。 我以为要少——或者竟不——看中国书，多看外国书。 少看中国书，其结果不过不能作文而已。但现在的青年最要紧的是“行”，不是“言”。只要是活人，不能作文算什么大不了的事。 （二月十日。）

附录（二）：读书杂谈

因为知用中学的先生们希望我来演讲一回，所以今天到这里和诸君相见。不过我也没有什么东西可讲。忽而想到学校是读书的所在，就随便谈谈读书。是我个人的意见，姑且供诸君的参考，其实也算不得什么演讲。

说到读书，似乎是很明白的事，只要拿书来读就是了，但是并不这样简单。至少，就有两种：一是职业的读书，一是嗜好的读书。所谓职业的读书者，譬如学生因为升学，教员因为要讲功课，不翻翻书，就有些危险的就是。我想在坐的诸君之中一定有些这样的经验，有的不喜欢算学，有的不喜欢博物，然而不得不学，否则，不能毕业，不能升学，和将来的生计便有妨碍了。我自己也这样，因为做教员，有时即非看不喜欢看的书不可，要不这样，怕不久便会于饭碗有妨。我们习惯了，一说起读书，就觉得是高尚的事情，其实这样的读书，和木匠的磨斧头、裁缝的理针线并没有什么分别，并不见得高尚，有时还很苦痛，很可怜。你爱做的事，偏不给你做，你不爱做的，倒非做不可。这是由于职业和嗜好不能合一而来的。倘能够大家去做爱做的事，而仍然各有饭吃，那是多么幸福。但现在的社会上还做不到，所以读书的人们的最大部分，大概是勉勉强强的，带着苦痛的为职业的读书。

现在再讲嗜好的读书罢。那是出于自愿，全不勉强，离开了利害关系的。——我想，嗜好的读书，该如爱打牌的一样，天天打，夜夜打，连续的去打，有时被公安局捉去了，放出来之后还是打。诸君要知道真打牌的人的目的并不在赢钱，而在有趣。牌有怎样的有趣呢，我是外行，不大明白。但听得爱赌的人说，它妙在一张一张的摸起来，永远变化无穷。我想，凡嗜好的读书，能够手不释卷的原因也就是这样。他在每一叶每一叶里，都得着深厚的趣味。自然，也可以扩大精神，增加智识的，但这些倒都不计及，一计及，便等于意在赢钱的博徒了，这在博徒之中，也算是下品。

不过我的意思，并非说诸君应该都退了学，去看自己喜欢看的书去，这样的时候还没有到来；也许终于不会到，至多，将来可以设法使人们对于非做不可的事发生较多的兴味罢了。我现在是说，爱看书的青年，大可以看看本分以外的书，即课外的书，不要只将课内的书抱住。但请不要误解，我并非说，譬如在国文讲堂上，应该在抽屉里暗看《红楼梦》之类；乃是说，应做的功课已完而有余暇，大可以看看各样的书，即使和本业毫不相干的，也要泛览。譬如学理科的，偏看看文学书，学文学的，偏看看科学书，看看别个在那里研究的，究竟是怎么一回事。这样子，对于别人、别事，可以有更深的了解。现在中国有一个大毛病，就是人们大概以为自己所学的一门是最好，最妙，最要紧的学问，而别的都无用，都不足道的，弄这些不足道的东西的人，将来该当饿死。其实是，世界还没有如此简单，学问都各有用处，要定什么是头等还很难。也幸而有各式各样的人，假如世界上全是文学家，到处所讲的不是“文学的分类”便是“诗之构造”，那倒反而无聊得很了。

不过以上所说的，是附带而得的效果，嗜好的读书，本人自然并不计及那些，就如游公园似的，随随便便去，因为随随便便，所以不吃力，因为不吃力，所以会觉得有趣。如果一本书拿到手，就满心想道，“我在读书了！”“我在用功了！”那就容易疲劳，因而减掉兴味，或者变成苦事了。

我看现在的青年，为兴味的读书的是有的，我也常常遇到各样的询问。此刻就将我所想到的说一点，但是只限于文学方面，因为我不明白其他的。

第一，是往往分不清文学和文章。甚至于已经来动手做批评文章的，也免不了这毛病。其实粗粗的说，这是容易分别的。研究文章的历史或理论的，是文学家，是学者；做做诗，或戏曲小说的，是做文章的人，就是古时候所谓文人，此刻所谓创作家。创作家不妨毫不理会文学史或理论，文学家也不妨做不出一句诗。然而中国社会上还很误解，你做几篇小说，便以为你一定懂得小说概论，做几句新诗，就要你讲诗之原理。我也尝见想做小说的青年，先买小说法程和文学史来看。据我看来，是即使将这些书看烂了，和创作也没有什么关系的。

事实上，现在有几个做文章的人，有时也确去做教授。但这是因为中国创作不值钱，养不活自己的缘故。听说美国小名家的一篇中篇小说，时价是二千美金；中国呢，别人我不知道，我自己的短篇寄给大书铺，每篇卖过二十元。当然要寻别的事，例如教书，讲文学。研究是要用理智，要冷静的，而创作须情感，至少总得发点热，于是忽冷忽热，弄得头昏，——这也是职业和嗜好不能合一的苦处。苦倒也罢了，结果还是什么都弄不好。那证据，是试翻世界文学史，那里面的人，几乎没有兼做教授的。

还有一种坏处，是一做教员，未免有顾忌；教授有教授的架子，不能畅所欲言。这或者有人要反驳：那么，你畅所欲言就是了，何必如此小心。然而这是事前的风凉话，一到有事，不知不觉地他也要从众来攻击的。而教授自身，纵使自以为怎样放达，下意识里总不免有架子在。所以在外国，称为“教授小说”的东西倒并不少，但是不大有人说好，至少，是总难免有令人发烦的炫学的地方。

所以我想，研究文学是一件事，做文章又是一件事。

第二，我常被询问：要弄文学，应该看什么书？这实在是一个极难回答的问题。先前也曾有几位先生给青年开过一大篇书目。但从我看来，这是没有什么用处的，因为我觉得那都是开书目的先生自己想要看或者未必想要看的书目。我以为倘要弄旧的呢，倒不如姑且靠着张之洞的《书目答问》去摸门径去。倘是新的，研究文学，则自己先看看各种的小本子，如本间久雄的《新文学概论》，厨川白村的《苦闷的象征》，瓦浪斯基们的《苏俄的文艺论战》之类，然后自己再想想，再博览下去。因为文学的理论不像算学，二二一定得四，所以议论很纷歧。如第三种，便是俄国的两派的争论，——我附带说一句，近来听说连俄国的小说也不大有人看了，似乎一看见“俄”字就吃惊，其实苏俄的新创作何尝有人绍介，此刻译出的几本，都是革命前的作品，作者在那边都已经被看作反革命的了。倘要看看文艺作品呢，则先看几种名家的选本，从中觉得谁的作品自己最爱看，然后再看这一个作者的专集，然后再从文学史上看看他在史上的位置；倘要知道得更详细，就看一两本这人的传记，那便可以大略了解了。如果专是请教别人，则各人的嗜好不同，总是格不相入的。

第三，说几句关于批评的事。现在因为出版物太多了，——其实有什么呢，而读者因为不胜其纷纭，便渴望批评，于是批评家也便应运而起。批评这东西，对于读者，至少对于和这批评家趣旨相近的读者，是有用的。但中国现在，似乎应该暂作别论。往往有人误以为批评家对于创作是操生杀之权，占文坛的最高位的，就忽而变成批评家；他的灵魂上挂了刀。但是怕自己的立论不周密，便主张主观，有时怕自己的观察别人不看重，又主张客观；有时说自己的作文的根底全是同情，有时将校对者骂得一文不值。凡中国的批评文字，我总是越看越糊涂，如果当真，就要无路可走。印度人是早知道的，有一个很普通的比喻。他们说：一个老翁和一个孩子用一匹驴子驮着货物去出卖，货卖去了，孩子骑驴回来，老翁跟着走。但路人责备他了，说是不晓事，叫老年人徒步。他们便换了一个地位，而旁人又说老人忍心；老人忙将孩子抱到鞍鞒上，后来看见的人却说他们残酷；于是都下来，走了不久，可又有人笑他们了，说他们是呆子，空着现成的驴子却不骑。于是老人对孩子叹息道，我们只剩了一个办法了，是我们两人抬着驴子走。无论读，无论做，倘若旁征博访，结果是往往会弄到抬驴子走的。

不过我并非要大家不看批评，不过说看了之后，仍要看看本书，自己思索，自己做主。看别的书也一样，仍要自己思索，自己观察。倘只看书，便变成书橱，即使自己觉得有趣，而那趣味其实是已在逐渐硬化，逐渐死去了。我先前反对青年躲进研究室，也就是这意思，至少有些学者，还将这话算作我的一条罪状哩。

听说英国的培那特萧（Bernard Shaw），有过这样意思的话：世间最不行的是读书者。因为他只能看别人的思想艺术，不用自己。这也就是勖本华尔（Schopenhauer）之所谓脑子里给别人跑马。较好的是思索者。因为能用自己的生活力了，但这不免是空想，所以更好的是观察者，他用自己的眼睛去读世间这一部活书。

这是的确的，实地经验总比看，听，空想确凿。我先前吃过干荔枝，罐头荔枝，陈年荔枝，并且由这些推想过新鲜的好荔枝。这回吃过了，和我所猜想的不同，非到广东来吃就永不会知道。但我对于萧的所说，还要加一点骑墙的议论。萧是爱尔兰人，立论也不免有些偏激的。我以为假如从广东乡下找一个没有历练的人，叫他从上海到北京或者什么地方，然后问他观察所得，我恐怕是很有限的，因为他没有练习过观察力。所以要观察，还是先要经过思索和读书。

总之，我的意思是很简单的：我们自动的读书，即嗜好的读书，请教别人是大抵无用，只好先行泛览，然后抉择而入于自己所爱的较专的一门或几门；但专读书也有弊病，所以必须和实社会接触，使所读的书活起来。

附录（三）：随便翻翻

我想讲一点我的当作消闲的读书——随便翻翻。但如果弄得不好，会受害也说不定的。

我最初去读书的地方是私塾，第一本读的是《鉴略》，桌上除了这一本书和习字的描红格，对字（这是做诗的准备）的课本之外，不许有别的书。但后来竟也慢慢的认识字了，一认识字，对于书就发生了兴趣，家里原有两三箱破烂书，于是翻来翻去，大目的是找图画看，后来也看看文字。这样就成了习惯，书在手头，不管它是什么，总要拿来翻一下，或者看一遍序目，或者读几页内容，到得现在，还是如此，不用心，不费力，往往在作文或看非看不可的书籍之后，觉得疲劳的时候，也拿这玩意儿来作消遣了，而且它也的确能够恢复疲劳。

倘要骗人，这方法很可以冒充博雅。现在有一些老实人，和我闲谈之后，常说我书是看得很多的，略谈一下，我也的确好像书看得很多，殊不知就为了常常随手翻翻的缘故，却并没有本本细看。还有一种很容易到手的秘本，是《四库书目提要》，倘还怕繁，那么，《简明目录》也可以，这可要细看，它能做成你好像看过许多书。不过我也曾用过正经工夫，如什么“国学”之类，请过先生指教，留心过学者所开的参考书目。结果都不满意。有些书目开得太多，要十来年才能看完，我还疑心他自己就没有看；只开几部的较好，可是这须看这位开书目的先生了，如果他是一位糊涂虫，那么，开出来的几部一定也是极顶糊涂书，不看还好，一看就糊涂。

我并不是说，天下没有指导后学看书的先生，有是有的，不过很难得。

这里只说我消闲的看书——有些正经人是反对的，以为这么一来，就“杂”！“杂”，现在又算是很坏的形容词。但我以为也有好处。譬如我们看一家的陈年账簿，每天写着“豆腐三文，青菜十文，鱼五十文，酱油一文”，就知先前这几个钱就可买一天的小菜，吃够一家；看一本旧历本，写着“不宜出行，不宜沐浴，不宜上梁”，就知道先前是有这么多的禁忌。看见了宋人笔记里的“食菜事魔”，明人笔记里的“十彪五虎”，就知道“哦呵，原来‘古已有之’”。

但看完一部书，都是些那时的名人逸事，某将军每餐要吃三十八碗饭，某先生体重一百七十五斤半；或是奇闻怪事，某村雷劈蜈蚣精，某妇产生人面蛇，毫无益处的也有。这时可得自己有主意了，知道这是帮闲文士所做的书。凡帮闲，他能令人消闲消得最坏，他用的是最坏的方法。倘不小心，被他诱过去，那就坠入陷阱，后来满脑子是某将军的饭量，某先生的体重，蜈蚣精和人面蛇了。

讲扶乩的书，讲婊子的书，倘有机会遇见，不要皱起眉头，显示憎厌之状，也可以翻一翻；明知道和自己意见相反的书，已经过时的书，也用一样的办法。例如杨光先的《不得已》是清初的著作，但看起来，他的思想是活着的，现在意见和他相近的人们正多得很。这也有一点危险，也就是怕被它诱过去。治法是多翻，翻来翻去，一多翻，就有比较，比较是医治受骗的好方子。乡下人常常误认一种硫化铜为金矿，空口是和他说不明白的，或者他还会赶紧藏起来，疑心你要白骗他的宝贝。但如果遇到一点真的金矿，只要用手掂一掂轻重，他就死心塌地：明白了。

“随便翻翻”是用各种别的矿石来比的方法，很费事，没有用真的金矿来比的明白，简单。我看现在青年的常在问人该读什么书，就是要看一看真金，免得受硫化铜的欺骗。而且一识得真金，一面也就真的识得了硫化铜，一举两得了。

但这样的好东西，在中国现有的书里，却不容易得到。我回忆自己的得到一点知识，真是苦得可怜。幼小时候，我知道中国在“盘古氏开辟天地”之后，有三皇五帝，……宋朝，元朝，明朝，“我大清”。到二十岁，又听说“我们”的成吉思汗征服欧洲，是“我们”最阔气的时代。到二十五岁，才知道所谓这“我们”最阔气的时代，其实是蒙古人征服了中国，我们做了奴才。直到今年八月里，因为要查一点故事，翻了三部蒙古史，这才明白蒙古人的征服“斡罗思”，侵入匈奥，还在征服全中国之前，那时的成吉思还不是我们的汗，倒是俄人被奴的资格比我们老，应该他们说“我们的成吉思汗征服中国，是我们最阔气的时代”的。

我久不看现行的历史教科书了，不知道里面怎么说；但在报章杂志上，却有时还看见以成吉思汗自豪的文章。事情早已过去了，原没有什么大关系，但也许正有着大关系，而且无论如何，总是说些真实的好。所以我想，无论是学文学的，学科学的，他应该先看一部关于历史的简明而可靠的书。但如果他专讲天王星，或海王星，蛤蟆的神经细胞，或只咏梅花，叫妹妹，不发关于社会的议论，那么，自然，不看也可以的。

我自己，是因为懂一点日本文，在用日译本《世界史教程》和新出的《中国社会史》应应急的，都比我历来所见的历史书类说得明确。前一种中国曾有译本，但只有一本，后五本不译了，译得怎样，因为没有见过，不知道。后一种中国倒先有译本，叫作《中国社会发展史》，不过据日译者说，是多错误，有删节，靠不住的。

我还在希望中国有这两部书。又希望不要一哄而来，一哄而散，要译，就译他完；也不要删节，要删节，就得声明，但最好还是译得小心，完全，替作者和读者想一想。

十一月二日

主要参考文献

[1] 鲁迅.鲁迅全集（第一卷至第十六卷）[M]. 北京：人民文学出版社，1981.

[2] 舒汉编. 鲁迅生平自述辑要[G]. 济南：山东人民出版社，1979.

[3] 周遐寿. 鲁迅的故家[M]. 上海：文化生活出版社，1956.

[4] 周作人. 关于鲁迅[M]. 乌鲁木齐：新疆人民出版社，1997.

[5] 周作人. 鲁迅的青年时代[M]. 石家庄：河北教育出版社，2002.

[6] 许广平. 关于鲁迅的生活[M]. 北京：人民文学出版社，1954.

[7] 许广平. 许广平文集[M]. 南京：江苏文艺出版社，1998.

［8］许广平．鲁迅回忆录［M］．武汉：长江文艺出版社，2010.

［9］许广平．欣慰的纪念［M］．北京：人民文学出版社，1981.

［10］郑振铎．郑振铎文集（四）［M］．北京：人民文学出版社，1985.

［11］寿永明，裘士雄编．三味书屋与寿氏家族［G］．杭州：浙江大学出版社，2010.

［12］林辰．鲁迅述林［M］．北京：人民文学出版社，1986.

［13］薛绥之主编．鲁迅生平史料汇编（第一辑）［G］．天津：天津人民出版社，1981.

［14］鲍昌，邱文治．鲁迅年谱（1881—1936·上卷）［M］．天津：天津人民出版社，1979.

［15］张向天．鲁迅旧诗笺注［M］．广州：广东人民出版社，1959.

［16］许寿裳．亡友鲁迅印象记［M］．北京：人民文学出版社，1953.

［17］许寿裳．我所认识的鲁迅［M］．北京：人民文学出版社，1978.

［18］郁达夫．回忆鲁迅：郁达夫谈鲁迅全编［M］．上海：上海文化出版社，2006.

[19] 秦人路，孙玉蓉选编. 文人笔下的文人（1919—1948）[M]. 长沙：岳麓书社，1987.

[20] 鲁迅博物馆鲁迅研究室编. 鲁迅年谱（第一卷）[G]. 北京：人民文学出版社，1981.

[21] 林语堂. 林语堂全集16：且行且歌 [M]. 北京：群言出版社，2011.

[22] [日] 内山完造. 我的朋友鲁迅先生 [M]. 何花，徐怡等译. 北京：北京联合出版公司，2012.

[23] 房向东. 活的鲁迅 [M]. 上海：上海书店出版社，2001.

[24] 许寿裳. 许寿裳谈鲁迅：诗人·斗士·预言家 [M]. 北京：东方出版社，2008.

[25] 中山大学中文系编. 鲁迅在广州 [M]. 广州：广东人民出版社，1977.

[26] 鲁迅. “硬译”与“文学的阶级性” [A] //上海师范学院中文系文艺理论教研室编. 文学理论争鸣辑要 [G]. 上海：上海文艺出版社，1983.

[27] [清] 陈淏子. 花镜 [M]. 北京：中华书局，1956.

[28] 吴子敏. 鲁迅论文学与艺术 [M]. 北京：人民文学出版社，1980.

[29] 孙崇恩，周来祥编. 鲁迅文艺思想资料编年第

三辑(1928—1932)[G].济南:济南市社会科学研究所,1980.

[30]张明高,范桥编.周作人散文(第三集)[G].北京:中国广播电视出版社,1992.

后 记

这本书是高杰教授1999年完成的，当时，高杰教授正当壮年，身体尚好。尽管从事着较为繁重的学报编辑事务，但在本书的写作过程中，他用心甚多，不但融汇了前人对鲁迅的主要研究成果，而且也集中了他对鲁迅本人及文学创作的全部思考。至今读来，我依然能感觉到高杰教授温和的文风、周密的论证、严谨的叙说与准确的评价。同时，我也深刻体味到，这是一部有分量、有见解、有深度的书。

欣闻万卷出版公司希望重新出版该书，又接到中国社科院外国文学研究所著名文学理论研究专家党圣元教授的重托，我感到十分欣悦，又感到几分惶恐。欣悦的是，高杰教授的书能在二十年之后重新出版，足见其深远的影响力；惶恐的是，生怕因自己的才疏学浅，辜负了党老师的期望，更怕因自己的点滴疏忽，对不起已在九泉之下的高杰教授。

为此，我在认真阅读本书的基础上，按照要求，对全书涉及的，但并未完整注释的引文做了仔细的核实，并以现在规范的格式标注出来，希望能为读者的阅读与研究提供一些参考。遗憾的是，由于手头没有本书的电子版，页脚注的工作难以完成，故我只能以“主要参考文献”的形式附在文后，权作注释，特此说明。

作为高杰教授的弟子与同事，我再次感谢万卷出版公司对本书的支持，感谢党圣元教授对高杰教授的关怀与厚爱，感谢高杰教授的夫人郭应兰女士为本书的重新出版所提供的无私帮助。

延安大学惠雁冰谨记

2018年3月10日于延安大学图书馆